船橋 力

トビタテ！世界へ

「世界」と「日本」、そして「自分」を再発見する留学のすべて

リテル

はじめに

2019年3月21日夜、急きょ、メジャーリーガー、イチロー選手の引退記者会見が開かれました。

大変話題になった会見ですが、1時間半近くに及んだ会見の最後、「孤独感はずっと感じてプレーしていたか」という記者からの質問に対してイチロー選手が発した言葉に、私は強く共感しました。

――アメリカに来て、メジャーリーグに来て、外国人になったこと。アメリカでは僕は外国人ですから。このことは、外国人になったことで人の心を慮ったり、人の痛みを想像したり、今までなかった自分が現れたんですよね。この体験というのは、本を読んだり、情報を取ることができたとしても、体験しないと自分の中からは生まれないので。孤独を感じて苦しんだこと、多々ありました。ありましたけど、その体験は未来の自分にとって大きな支えになるんだろうと今は思います。だから、つらいこと、しんどいことから逃げたいというのは当然のことなんですけど、でもエネルギーのある元気のある時にそれに立ち向かっていく。そのことはすごく人として重要なことではないかと感じています。

その言葉を聞いて、私は、自分の過去を思い出しました。

父の仕事の都合で、幼少時と高校生時代を南米で過ごし、「外国人」となった私は、現地の人から疎外されたり、言葉ができない劣等感に悩んだりしました。けれど、アウェイの環境で孤独に苦しみながらも、日本人が得意とされる「野球」や、異なった人たちの意見をまとめる「調整力」などを発揮したお陰で、学校のなかで一目置かれる存在となりました。

こうした経験は、国際的な場で人のために役立つ仕事がしたいという思いにつながり、開発途上国のインフラに携わる総合商社への就職や、その後の人材育成会社の起業にもつながりました。また、国際会議や交流の場で、世界の第一線で活躍する人たちと関わる際にも、影響を与えていると思います。南米での体験がなかったら、引っ込み思案な内気な人間のままだったかもしれません。

居心地のいい場所（コンフォートゾーン）から一歩、外の世界に踏み出す「越境体験」は、つらいし、しんどいことも伴います。けれど、それまで得られなかった刺激をあびることになり、人を成長させ、可能性を格段に広げてくれます。今までの狭い世界とは全く違う「常識」があることを知り、イチロー選手のように、自分を客観的に見つめ直すこともできるようになるでしょう。

詳しくは本文で述べますが、私は、世界経済フォーラムが選出するヤング・グローバル・リーダーに選出され、2011年と2012年のダボス会議に参加した経験があります。そこで世界の劇的な変化を目のあたりにし、日本と日本人のグローバル化が急務であることを実感しました。より多くの若者を、早期に海外に留学させなければいけないし、留学を当たり前にする文化を日本につくらなければいけない。そういう問題意識が芽生えました。

そして、高い志や情熱、好奇心、独自性をもった大学生、高校生を、企業からの寄附をもとに無償で海外に送り出し、新たなネットワークやコミュニティをつくるという留学プロジェクトに、現場を統括する責任者として立ち上げから関わってきました。

そのプロジェクトとは、文部科学省初の官民協働の国家プロジェクト「トビタテ！留学JAPAN」。2020年までに日本の大学生・高校生の留学を倍増させるという政府目標のもと、まずは、その象徴として多種多様な1万人の留学生を送り出すというプロジェクトです。

前例のないことだらけで、困難な道のりでしたが、多くの関係者、企業、教育機関等の協力を得て、2013年の立ち上げから現在（2019年8月時点）までに約117億円の寄附を集め、それを原資に7800名以上の若者を海外に送り出す機会を与えてきました。

このプロジェクトは、国や大学による従来の留学とは一線を画しています。最大の特色は、「計画×人物」重視の選考。特に、受け入れ先を含め自分自身で留学計画を立てるところにあります。また、単位取得を前提とした、座学中心のアカデミックな留学計画では不十分で、必ず計画にはインターンシップやボランティア、フィールドワーク、ＰＢＬ（課題解決型学習）など、多様な実践活動を組み込む必要もあります。

そのため、従来の留学でありがちな「外国人と交流せず日本人同士で固まる」ということも、「体験して良かった」で終わることもありません。自ら選んで飛び込んだアウェイの地で、困難なことも数多く経験することになります。孤独、挫折、人種差別、自信喪失……。それまでの人生で味わうことのなかった苦労をしながらも、それを乗り越えていく姿に、私はいつも驚かされます。

本書では、なぜこうしたプロジェクトが立ち上がったのか、なぜ私が関わることになったのか、その背景を振り返りながら、世界の劇的な変化や日本を取り巻く環境、曖昧模糊としたこれからの社会を生き抜くために何が必要か、そのためのマインドセットについて。さらにはプロジェクトを通して学生がどう変化し、成長したかについてお伝えします。

また、プロジェクトのその他の特色や研修の中味についても紙面を割いています。例えば、

・選考にあたって、なぜ成績や語学力ではなく、情熱や好奇心、独自性で選ぶのか。
・事前研修で、自分軸や自身のアイデンティティを徹底的に洗い直させるのはなぜか。
・なぜ、対話や自己開示、コミュニティづくりを重視しているのか。

その答えから、今、国際社会が若い人たちに何を期待しているのか理解できるでしょう。

本書で紹介したことをヒントに、少しでも多くの若い人が、今いる場所とは違う世界へと飛び立つきっかけになることを願っています。

2019年10月

文部科学省　官民協働海外留学創出プロジェクト
トビタテ！留学JAPAN
プロジェクト・ディレクター　船橋　力

トビタテ! 世界へ 目次

第2章 衝撃的だった世界のリーダーたちの実力

第3章

「トビタテ!留学プロジェクト」の始動

第4章

トビタテ流人材育成の仕組み

第5章

これから海外へ飛び立つ君たちへ

第6章 私の「越境体験」とトビタテに込めた思い

第1章
世界に飛び立った トビタテ留学生たち

「トビタテ！留学ＪＡＰＡＮ日本代表プログラム」とは

「２０２０年までに海外留学者数を倍増させる」

２０１３年６月に閣議決定された「日本再興戦略～ＪＡＰＡＮ ｉｓ ＢＡＣＫ」において、政府が掲げた目標です。

その目標達成に向け、翌年、文部科学省は留学促進キャンペーン「トビタテ！留学ＪＡＰＡＮ」をスタートさせます。その中核事業が「トビタテ！留学ＪＡＰＡＮ日本代表プログラム」（以下、トビタテ）。支援企業等からの寄附をもとにした返済不要の奨学金により、２０２０年までの７年間で、約１万人の大学生と高校生を世界各地に派遣するという文部科学省初の官民協働の国家プロジェクトです。

給付型の奨学金、充実した留学の事前事後研修、コミュニティの運営等、これまでの留学制度とは一線を画す、いくつもの特徴がありますが、最大の特徴は留学計画を自ら作成すること。単位取得を目的としたアカデミックな留学だけではなく、インターンシップやボランティア活動などの実践活動を含む多様な留学の在り方を認めていることです。

そのため、「理系、複合・融合系人材コース（未来テクノロジー枠含む）」「新興国コース」「世界トップレベル大学等コース」「多様性人材コース」「地域人材コース」「高校生コース」など多彩な受け入れ枠を用意。文部科学省が中心のプロジェクトにもかかわらず、選考に際して学業成績や英語力は問いません。では、いったい何を基準に選考するのでしょうか。それは「情熱」「好奇心」「独自性」です。ウソではありません。

こうした柔軟な制度設計により、語学力を含め、学校での成績に関係なく、また金銭面での心配もなく、意欲のあるとんがった多くの若者が、海外に出ていくチャンスを得ることになったわけです。

トビタテの支援企業には、日本を代表する企業が名を連ねています。そうした大企業が、成績や英語力ではなく、人物本位で選考していることの意味を、皆さんはどう受けとめるでしょうか。

これまで採択されたトビタテ日本代表プログラムの派遣生（以下、トビタテ生）の数は約7800人（2019年8月時点）。多種多様な学生・生徒が集まっていますが、共通しているのは、情熱、好奇心、独自性を備えていること。それを知っていただくために、最初に9人のトビタテ生を紹介をしたいと思います。いずれも、悩みや困難を抱えながらも、世界へと飛び立つことで、自分の可能性を広げていった若者です。

憧れの本田圭佑選手に事業計画をプレゼン

――出資を決めさせた大学生のパッション

「お前、日本人ちゃうやろ。日本から出ていけ」

在日韓国人の洪英高さんは、小・中学校時代に周囲からこう言われるなど、国籍で差別を感じた経験がありました。

強豪校でサッカー漬けの生活を送りましたが、思うような結果を残せず、大学受験も失敗。落ち込んでいた時に救ってくれたのが、大ファンである本田圭佑選手がインタビューで語っていた「ケガして思ったのはチャンスやなと。ケガをしたことで、すごい遠い試合に向けて自分を作り直せるんです」という言葉だったと言います。

同志社大学進学後は、ＩＴに興味を持ち、「本気になるため本場を見に行きたい」と、初の海外旅行先にシリコンバレーを選びました。多様性で満ちあふれていたグーグルのオフィスを見学し、衝撃を受けた彼は、国籍問題で悩んでいた自分がちっぽけに感じたと言います。

帰国後、留学について悩む女子学生から相談を受けたことがきっかけで、世界中の留学生が、

留学先で現地の学生と馴染み、差別を受けることなく、快適に生活しやすくなるようなコミュニティサイトを立ち上げたいと考えるようになりました。

文系出身でITスキルはなく、周囲からは冷ややかに見られていましたが、実現の一歩として、もう一度シリコンバレーに行こうと決意し、トビタテに応募。400万円を超す給付型の奨学金をもらい、翌年から17カ月の留学を果たしました。

留学先での出来事です。本田選手のメールマガジンで「本田圭佑に聞きたい100のコト」という質問を募っていて、しかも、たまたま本田選手がサンフランシスコに滞在していることを知った彼は、自分のビジョンを訴え「ぜひ会ってください」とメッセージを送りました。すると、強運なのか、意志の強さがそれを導いたのか、なんと翌日、本人に会えることになったのです。

本田選手には、投資家としての一面があり、サッカー選手としての忙しい時間をぬって、夢やビジョンをもつ世界中の人たちと接点をつくる活動を精力的にこなしていました。

対面は30分ほどでしたが、奇跡はそれだけで終わりませんでした。興味をもたれた彼は、1カ月後、本格的に事業計画をプレゼンテーションする機会を得たのです。本田選手から二度目のミーティング先に指定されたのは、メキシコの高級ホテル。そのとき彼は日本に一時帰国していたのですが、寝食を忘れて準備を整え、本田選手に会うためだけにメキシコへ飛びました。

一連の経緯を洪さんから聞かされ、プレゼンテーションの内容について相談にのっていた私たちトビタテスタッフも気が気ではありません。当日、事務局に待機して報告を待っていたところ、テレビ電話を通じて彼から連絡がありました。

本田選手にプレゼンテーションの内容を詳しく聞かれたうえ、別れ際に、

「今の事業計画より、クレイジーなアイデアを考えてきてください」

「留学マッチングサービスとして、既存のリーディングカンパニーを倒す戦略を考えてきてください」

と、次の日までの課題が出されました。そうした課題に答えると、さらにまた新たな課題が

「明日までに」と出されたそうです。

朝5時まで課題に取り組み、少し仮眠をとったあとに起床。日中、「15分後に、食事はどうですか」といった本田選手からの突然の電話に備えながら、ホテルの部屋で、ひたすら課題に対するよりよい答えを考え続けました。

「正直、毎日の議論に手応えはなく、常にベストを尽くすことだけに集中していました」と、彼は話していました。私たちスタッフも、できる限りのアドバイスをし、地球の裏側からの吉報を待ちました。これで彼の人生が変わるかもしれないし、思いだけで突っ走る若者を応援したいという気持ちが私には強くありました。

結局、彼は3日間、本田選手と会い続け、最終的に見事、出資してもらえることが決まりました。心の底からほっとするとともに、おこがましいですが、「本田選手、やるじゃん」と思いました。事業性以上に、洪さんの覚悟や本気、パッションを見極め、そこに投資をしてくれたのでしょう。

本田選手からの出資金をもとに洪さんは、それまで趣味で運営していた、留学経験者から直接体験談やアドバイスを聞けるオンライン相談サービスを事業化。現在は、事業転換を経て、「混ぜる暮らしで、世界はもっと豊かになる」をミッションに掲げ、下宿文化を現代にアップデートするホームシェアリングサービス「Ｈｏｍ:ｉ」を提供しています。

反対する指導教官を説得して挑んだ留学
――一汁三菜弁当の開発を通して和食をアピール

二人目は安永麻紀さん。彼女が通う中村学園大学の栄養科学部は国家資格である管理栄養士を目指す人が大半。在学中は資格試験の勉強に忙しくて、海外留学をする人は少数派です。

彼女が留学を決意したときも、指導教官から資格取得を優先するよう諭されたそうです。しかし、安永さんの意志は固く、指導教官を説得するため、あるアイデアを考え付きました。それは、「一汁三菜」（ご飯、汁物、主菜、副菜、副々菜）という、同大学でも強く打ち出している、和食がもつ素晴らしいコンセプトを世界に広めるという目的を、留学計画に組み込むことでした。

具体的には、留学先のアメリカのデラウェア大学で栄養学の授業の聴講をするとともに、一汁三菜を弁当化した「アメリカ型一汁三菜ＢＥＮＴＯ」を学生と共同開発。このコンセプトを広めるため、日本食レストランでの実演販売を行うという計画でした。

彼女は英語が不得意でした。それ自体は確かにハンデではありますが、英語ができる知人と取り組むなど、工夫しながら一汁三菜ＢＥＮＴＯの開発を進めます。何かを成し遂げたいという気持ちの前には、語学力は関係ありません。それが証拠に、語学が堪能ではないのに、海外で事業展開をしている経営者は無数にいます。

途中、やっとの思いで自ら探したスポンサー企業と連絡が取れなくなるなどトラブルも続きますが、実演販売では無事、売上目標を達成し、現地の人に栄養バランスの重要性について、伝え

ることができたと言います。

彼女は、留学終了後も継続的に販売を続けようと再び渡米。お弁当のデリバリー事業の立ち上げなど、新規事業にも取り組みました。しかしビザの問題もあり、継続は難しく、「今はタイミングではないんだ」と自分に言い聞かせ、自分に一番足りていなくて、かつ将来の自分に必要なことを身に付けることを最優先にしようと、自分を一番成長させてくれると信じる企業に就職しました。その結論にたどり着いた自分に誇りをもっているとも話していました。

彼女は、トビタテ事務局が毎年開催している「留学成果報告会」（現在は留学体験発表会）で最優秀賞を受賞。それもあって、大学の卒業式では、理事長から特別表彰を受けたそうです。

彼女は言います。

「たった10カ月ほどでこれほど自分が変わるということにも驚き、自分でも自分の変化に追いついていけていない部分もあったと思います。自信がついた反面、自信が一人歩きしていて、本来の自分はどこにいるんだと悩む日々もありました。大きな場で自分の成果を発表する機会を重ねるほど、周りからの期待値に応えたくなってしまい、本来の自分らしさが薄れてしまったときもありました。そんな中でも、自分のやりたいこと、向かいたい方向に進めるよう、自分と向き合う時間を多く作り、問いかけ、自分らしさを忘れないで突き進めるように努力しました」

中国系留学生に圧倒されて実力不足を痛感
——100本以上の論文を読みあさったストイック留学

三人目は、東京工業大学大学院で半導体について学んでいた土屋春樹さん。
彼は、アメリカに研究留学し、研究者・エンジニアとして日本の役に立ちたいという希望をもっていました。ところが、お父さんが病いに倒れ、看病や介護のため、留学をあきらめかけていました。しかし、

「親のせいで自分の人生をあきらめてはいけない」

とお母さんに背中を押され、トビタテに応募。シアトルにあるワシントン大学大学院に9カ月間の留学を決めました。

留学直前にお父さんは亡くなってしまうのですが、後ろ髪をひかれる思いで、あとのことをお母さんに託し、彼は渡米しました。

「何も得る事なくして、戻って来ることはできない」

という覚悟をもっての留学でしたが、受け入れ先の著名な研究所は、中国系の優秀な学生たら

け。語学力や実力不足を痛感したと言います。無名の学生である土屋さんは担当教官になかなか取り合ってもらえず、研究テーマすら与えられませんでした。

そこで、何とかして認めてもらおうと、日々図書館に通っては１００本以上の論文を読みあさり、自ら研究テーマを設定します。そして、他の学生が帰宅した夜間にも実験装置を使い、ひたすら個人研究に没頭しました。少しでも研究所にいる時間を増やそうと、研究所の近くに引っ越しもしたそうです。

そうしているうち、面白いデータが出てきたので、指導教官のところにもっていったところ、「論文を書いてみなさい」と言われたのです。ようやく自分の研究の価値を認められ、努力が報われた気がしたそうです。それは、研究留学が終了する1週間前のことでした。

その後、シリコンバレーに移り、ハードウェアのスタートアップ企業で3カ月間のインターンシップも経験しました。インターン先は、彼と同じ当時20代のCTOが起業した、スマートフォンの無線充電システムを世界に先駆けて開発するベンチャー企業。

そこでの働きが評価され、そのまま就職することも勧められたのですが、「自分の手がけた製品を日本発で送り出したい」という強い意志から、契約期間終了後に帰国。

ウェアラブルデバイス等のハードウェアの研究・開発者として働くことを決意し、修士課程修了後、ソニーに就職しました。

留学に行く前と行った後で、表情が全く変わっていたことが印象に残っています。

ラオス版「九九のうた」を開発・普及
――平均点を15日間で倍増させたスキル

東洋大学国際地域学部の高木一樹さんは、高校時代、1年半の引きこもり生活を体験していました。その間、母親がピアノの先生ということもあり、パソコンを使った作曲や、映像コンテンツに没頭していたといいます。

そんな彼が留学を決意したのは、eラーニングを通じた教育の普及を目指している社会起業家、税所篤快氏の著書を読んだことがきっかけだそう。教育問題、なかでも途上国での教育支援活動に関心をもち、トビタテ1期生として、1年間、ラオスの首都ビエンチャンに留学しました。

現地の小学校でインターンとして働こうと試みるも、なかなか受け入れてはもらえません。共産主義国家であるラオスでは、教育支援という活動自体、難易度の高いものだったそうです。

そんな中、自分自身が小学生の時、苦手だった算数を克服したきっかけでもある「九九のうた」を、ラオスでも作ってみようと思い立ちます。そして、現地で出会った小学校の先生や多くの協力者とともに、ラオス史上初と言われるラオス語による「九九のうた」をつくることができました。

それを小学校にもちこんだところ、生徒が楽しく学びはじめました。効果が目に見えてあがることで、先生方も協力的になり、わずか15日間で、小学1年生の平均点を49点から94点に引き上げたそうです。

これをラオス全土に普及すべく、彼は「九九のうた」のガイドビデオを作成しました。そのとき活かされたのが、引きこもり時代に培った音楽と映像制作スキルです。

その後、様々なつながりを通じて、800人近くの小学校教員に「九九のうた」の授業を実施。さらに、農村部から都市部まで、ラオス中の小学校教員にガイドビデオを配布することができました。YouTubeを通じて多くの人から利用されており、2019年7月現在、44万回再生を記録しています。

そうした教育貢献が認められ、日本学生支援機構の優秀学生顕彰で表彰もされました。現在、彼は映像制作やデザインのクラウドワーカーとして様々な地域を拠点として活動しています。

信念は「人が変われば日本が変わる！」

――高校生に留学を啓蒙するトビタテ卒業生

吉開祐貴さんは、本人曰く「田舎生まれ田舎育ち」で、外国人との接点も殆どなく、高校時代まで「海外渡航」や「留学」という選択肢を自分の中でまったくもち合わせていませんでした。ところが大学受験前日に宿泊したホテルの大浴場で外国人から話しかけられ、全く意思疎通ができなかったことにショックを受け、英語の勉強を始めることを決意します。

まず、語学修得のためオンライン英会話を始め、オーストラリアに留学。日本では見えなかった世界が見えたことで、開発途上国の支援に興味を持ちます。

そして、大学での研究テーマである水処理を念頭に、「日本の技術を世界へ」という理想が、現地ではどう映るかを知るため、水質汚染が問題になっていたマレーシアへの留学を決めました。

現地で感じたのは、大学生の多くが当たり前のように夢を語り、ストイックで、野心的であること。日本では、自分の人生に当事者意識をもつような教育はなく、そこに危機感を抱いて帰国しました。そして、トビタテの事後研修の席、皆の前でこのようなことを宣言しました。

「自分は田舎生まれ田舎育ちで、高校時代、留学という選択肢があることを知らなかった。憧れるロールモデルもいなかった。自分は大学生になって初めて留学したけれど、それでは遅い。留学の価値を高校生に広げたい」

そして、トビタテ生の仲間とともに「ビヨンドスクール」という団体を立ち上げました。ワークショップをしながら高校生に留学の価値を伝えるプロジェクトです。

そして、「人が変われば日本は変わる」という信念のもと、九州を中心に日本全国の高校に片端から連絡をとり、結果、30の高校を行脚し、留学体験の共有と説明会を実施しました。実際、その翌年、九州の高校生からトビタテへの応募が明らかに増えました。

彼自身はその後、大学院へ飛び級入学を果たし、研究者を目指します。そして、トビタテとは別の奨学金を獲得し、アメリカの大学院に研究留学しました。しかし、優秀な研究者が世界中から集まる中、「研究者でトップにはなれない」と悟り、研究者の道を断念し、大学院を中退します。

そして帰国後、私の知人である出雲充さんが創業したバイオベンチャーのユーグレナで経営企画を担い、現在は、地球と人類の課題解決に資する研究開発型の革新的テクノロジー領域に特化した日本最大のVCファンド、リアルテックファンド社で「日本の技術を世界へ」と羽ばたかせるべく活躍しています。

何度断られてもスポンサー探しに奔走
――実を結んだ日本・メキシコの架け橋イベント

早稲田大学大学院アジア太平洋研究科の丸田理乃さんは、大学2年生の時に参加した内閣府の国際交流事業「世界青年の船」で派遣されたメキシコに魅せられました。

大学院進学後、そろばん塾の起業の可能性を模索するためトビタテに応募し、メキシコのソチミルコという世界遺産の街に4カ月、留学しました。

現地でそろばんが浸透せず、苦戦していたとき、たまたまボランティアを引き受けた日墨交流イベントで、大きな衝撃を受けたと言います。

多くのメキシコ人が日本のことを好きで、イベントには、ものすごく多くの人が集まるということ。けれど、その一方で日本文化の敷居が高いということです。

メキシコと日本は400年以上の長い歴史があります。多くの日系企業がメキシコに進出しています。しかし、ビジネスの距離のみが近くなり、文化的交流が少ないと案じました。

「日本とメキシコの今後の友好関係を続けるためには、交流が必要だ。どちらかの文化のみを押し付けるのではなく、お互いの文化を一緒にしたらより理解が深まるのではないか」

そう考えた彼女は、メキシコでいまだかつて大々的に開催されたことのない日本とメキシコの異文化交流イベントを立案。「本当にできるのか」という周りの反応も気にせず、メキシコ人の友人に思いを伝え続けました。その結果、持ち前の気合いと行動力が幸いし、ソチミルコの区長さんに会う機会を得たのです。

「自分が一から企画したイベントをしたい。日本のイベントでもなく、メキシコのイベントでもなく、日本とメキシコの異文化交流祭りをやらせてください」

そう訴えると、区長さんは「やってみよう」と言ってくれました。そうして「日本とメキシコをつなげる架け橋になる」という新たな留学目標が生まれました。


留学期間が終了し、一旦は帰国するのですが、その約束を果たすために、トビタテの制度とは別に再びメキシコに向かいます。そしてスポンサー企業を探したり、日本大使館や商工会議所に協力をあおいだり、各所から浴衣や提灯などを集めたりなど、実行委員のトップとして企画や準備に奔走します。

何度も何度も断られ、それでもめげずにスポンサーを探し続けました。メキシコと日本の働き方の違いにもぶつかりながら、奔走しました。走り続けた結果、最初は動かなかった企業も巻き込むことができました。

何しろ時間や約束におおらかなラテンの文化圏。途中、精神的に大変な時もあり、たまに相談の連絡が来ていましたが、彼女はよくやりきりました。そして、たくさんの応援により、1年後、3万人が足を運んだ日墨交流の一大イベントが開催されたのです。

留学で培った知識と経験を故郷のために

――造船の島の魅力を若者の視点でアピール

早稲田大学商学部の宮本真都香さんは、地元の広島をはじめ、地方には魅力的な職人が数多くいることを知っていて、でも、日本ではジェネラリスト（総合職）に対して、エキスパート（専門職、技術職）が過小評価されていると感じていました。

そこで、職人の在り方について確かめようと、韓国の大学とドイツの語学学校に半年間留学しました。大学進学率が世界一で、日本以上に職業に対して貴賤意識があると思われる韓国と、職人が誇りをもって働くシステムが整っているドイツに渡り、現地の職人たちの仕事観を探り、日本の職業観を「カラフル」にするための糸口を得ようとしたのです。

実際に外国で暮らすと、自分の先入観に気づかされたそうです。受験熱が激しく、日本以上の学歴社会というイメージがあった韓国ですが、大学入学をゴールにするのではなく、日本とは違い、目的意識をもって学んでいる学生が目立ったといいます。また、海外留学が盛んで、日本よりも遥かにグローバル化が進んでいると感じたそうです。

そして帰国後、総務省の「地域おこし協力隊」制度を活用して、広島県にある大崎上島という小さな島の町役場に勤め、地域の教育力の向上や町の活性化に精力的に取り組みました。

彼女は、島の人に寄り添い、飲み会にも積極的に参加し、関係を築いていくタイプ。ピュアなのですが、緻密だし、肝が座っているところもあって、島に長くいる一見強面な人たちにも、ものすごく可愛がられていました。あるとき、

「造船の島を活性化するアイデアソンというイベントを開催する」

という連絡を受け、私も島を訪ねることにしました。

トビタテ生30人くらいを集め、大崎上島町の基幹産業である造船の魅力をどのようにして外部に伝えるかをチームで一週間かけて考察し、発表するというイベントです。

聞けば、島にある3つの造船会社の社長同士が集まることはあまりない。そこに、学生がやってきて、町の基幹産業の魅力発信についてプレゼンテーションしたいということで、審査員として3社の社長を集めたそうです。

プレゼンのなかには、「イケメンの造船マンの雑誌を作成する」といった、いかにも若者らしいアイデアもありました。そのトビタテ生が最後、

「でも、実際に行動に移すのは僕らではなく、あなたたちですからね」

と言って帰ったものですから、島の人には生意気な学生に映ったはずです。しかし、若いよそ

者だからこそ、そうしたことが堂々と言えるし、周囲も動かされるのですね。町長が感銘を受けて、この取り組みは翌年も、継続して実施されることになりました。

その後、彼女は、その事業を受託した島のNPOに2年ほど勤め、地元の発展を願い広島県庁に転職。国連が掲げるSDGs(※)の理念を県内に広めたり、県内の国連機関を支援したり、平和構築の観点からアジア諸国の教育を支援したりしています。

東京や大阪の大企業にも就職できるような優秀な若者なのですが、地元の広島で就職した理由について、

「若い人が地域おこしといって、地方に来ても、結局はすぐに東京に戻ると思われている。これで私が東京に戻ったら島の人の信用を失ってしまいます」

と話していました。彼女は海外で培った知識や経験を、地元に活かそうと走り回っています。

※SDGs＝持続可能な開発目標。2015年9月の国連サミットで採択された「持続可能な開発のための2030アジェンダ」にて記載された2030年までの国際目標。持続可能な世界を実現するための17のゴール(貧困、飢餓、教育、エネルギー、働きがい、産業、気候変動等)と169のターゲットから構成される。

心が折れても続けた街角インタビュー
――留学で芽生えた新たな意識と人生観

多田愛海さんは仏教系の中高一貫校、京都光華高校に通っていました。中学時代は陸上部に所属し、全国大会を目指して猛練習の日々を過ごしていました。しかし、中学3年生の夏、全国大会出場がかかった京都府大会で惜しくも敗退。一緒に練習した部員の中で全国大会に出場できなかったのは多田さんだけでした。

すっかり落ち込んでしまった多田さんを立ち直らせたのは、さる有名な仏教詩人の言葉でした。「私を見て下さる人があり、私を照らして下さる人があるので、私は挫けずに今日を歩く」。それまでは仏教にはあまり関心がなかった多田さんでしたが、仏教思想にとても興味を持つようになりました。高校生になってトビタテに応募したのは、世界で信仰されている仏教以外の宗教を知りたかったこと。そして、無宗教化している海外の国を調べることで、日本人が宗教への関心を失っている理由を突き止めたいと思ったからです。

具体的にはキリスト教が盛んなドイツと、歴史の中でキリスト教が衰退し無宗教化しているチェコの人々にインタビューすることにしました。

ドイツでは街角で「あなたは何か宗教を信じていますか？」「あなたの信仰している宗教について教えてください」「宗教についてどう思われますか？」と英語で質問しましたが、「このインタビューは一体何に使うのか」「あなたは何処の学校ですか？」と不審に思われることもありました。それでもドイツでは快くとまでは行かなくても、全員が協力してくれたそう。一方で無宗教化しているチェコでは「宗教」という言葉を出した途端に断られることが続き、何度も心がへし折られました。

それでも多田さんは「断られることで、宗教に対する偏見やマイナスイメージを感じることができました」と前向きにとらえました。留学の最後の頃、街角でオレンジ色の袈裟をまとったタイ人の修行僧を見かけた時、反射的に体が動き「Ｅｘｃｕｓｅ ｍｅ？」と声をかけていた自分がいたそうです。「留学前の私なら、街角で見ず知らずの外国人にインタビューするなんてできなかったかもしれませんが、留学中にできるようになったのは、海外に飛び込み、自分から主体的に動こう、一歩踏み出して挑戦しようとする意識が身に付いたからだと思います」。

3週間の留学で一番変わったのは「人生観」だと言います。留学前までは良い大学に進み、良い会社に入り、安定した生活をおくることが最善の選択だと信じていた多田さん。高校卒業後に大学で宗教を勉強しても、良い会社への就職にはつながらないから、あきらめようとしていました。安定志向に傾いていた彼女の心を変えたのは留学中に出会った人々の生き様でした。プロのレーサーになるために高校進学をやめた男性、先生が研究のために休学してドイツに渡るので、自分も休学してドイツに留学すると決めた大学生、仕事を退職して自分探しのためにドイツにやってきた若者……。「自分の人生なのだからオリジナルでいいんだ。自分にしかできない生き方をしよう！」。新たな目標ができ、大学でも宗教を学ぶと決意し、仏教系の大学に進学しました。留学したチェコで宗教への偏見を目の当たりにした多田さん。宗教への関心が低い日本で、宗教をどのように身近にし、理解を深めていくかを課題に今も日々勉強を続けています。

開発途上国の現実を肌感覚で実感
——高校生が身に付けた「自分を信じる力」

東京都の共立女子第二高校に通っていた神田美紀さんは父親が日本人、母親がタイ人のダブル（ハーフ）。幼いころから何度もタイを訪問し、先進国の日本と開発途上国のタイとの格差を目にして疑問を感じていました。

開発途上国の貧困に興味をもった神田さんは、自分にとって未知の世界だったアフリカ大陸で、貧困支援の現場を自分の目で見てみたいと思うようになり、トビタテに応募。エチオピアの孤児院で子供たちに授業をする留学計画を立て合格しました。

エチオピアに到着後、まずは自分より1年前にボランティアを始めていたスイス人の学生から2時間にわたりヒアリングすることになりました。質問する内容を思いつく限りたくさんノートに書き出し、わからない英単語や言い回しを事前に調べてから聞き取りに臨み、孤児院に受け入れられる条件や教育の格差、貧困を生む根本的な理由や貧困の連鎖についても知ることができました。

挫折を感じることも少なくありませんでした。最も苦しんだのは「言葉の壁」でした。全世界から集まったボランティア仲間の高校生たちと毎晩、翌日の授業メニューを決めるミーティングが開かれましたが、思うように英語でコミュニケーションが交わせませんでした。意見を伝えることができず、悔しい思いをしたそうです。それでも7月7日に日本の伝統行事である七夕のワークショップを企画したり、毎回の授業で日本語を教えたり、日本人として自分ができる試みを精一杯することで、困難と向き合いました。

苦しんだ「言語の壁」を取り払ったのはホームステイ先で働いていた家政婦さんとの交流でした。家政婦さんは英語が話せず、人見知りする性格でしたが、神田さんが皿洗いを手伝ったり、欠かさず挨拶をしたりしているうちに少しずつ心を開いてくれて、いつも一緒に遊ぶほど仲良くなりました。神田さんは「心を通わせることが、言語を超える真のコミュニケーションだ」と気が付きました。

また、現地を訪ねないとわからないこと、見えてこない問題もたくさんあったと言います。たとえば七夕のワークショップでも、気づかされたことがあったそうです。子供たちは短冊に「パイロットになりたい」「ドクターになりたい」と自分たちの夢を書きましたが、現地の教育環境で、その夢を実現するのは極めて難しい。キラキラした笑顔で夢を語る子どもたちの姿と、その対極にある開発途上国の現実にとてつもなくやるせない思いをしたそうです。確かに、こうした開発途上国の実態や真実は現地に行かなければ肌感覚ではわかりません。

エチオピア留学を終えた神田さんは自分自身の変化を実感しました。困難を乗り越えたことによって「自分を信じる力」が身に付いた一方、開発途上国の変化に触れた結果、どこかの地で何かを本気で変えるには、人生をささげるくらいの大きな覚悟が必要だと悟り、自分のやりたいことを今一度見つめ直すようになりました。これこそが留学の成果だと神田さんは断言していました。現在、大学生の神田さんは、「無限の可能性があるからこそ、固定された考えに縛られず、主体的に未知の領域に挑戦していきたい」と語っています。

（登場した学生の在籍校、学年は留学当時）

勇気をもって最初の一歩を踏み出した

――留学体験者たちが贈るメッセージ

いかがでしたでしょうか。ひょっとしたら一般の学生とは違う「意識高い系のスーパー学生」と感じたかもしれません。けれど、彼・彼女たちは留学前は不安と葛藤を抱えていた普通の若者でした。このように多くのトビタテ生が、思い切って海外に飛び立った経験と努力の結果、帰国後は「別の人か！」というくらい成長していることが多いのです。

今回、全員に改めて3つの質問をしたところ、未知の世界に飛び込んだ体験者ならではの熱いメッセージが返ってきました。

勇気をもって最初の一歩を踏み出したことで、これまで見えていなかった景色が見えてきたこと。困難を乗り越えた結果生まれた「何とかなる」という自信や、「海外でできたのだから日本でもできるはず」といった、いい意味での楽観的なものの考え方。そして、いろいろな人に支えられ、応援されていることに気づくことで生じた感謝の気持ち。それらが、再び次の一歩につながっていることがわかると思います。

Q1　留学中の困難をどうやって乗り切ることができましたか？

- トビタテを通してできた親友とのアリゾナ旅行。そこで見たのがアメリカのむき出しの大自然。そんな大自然を見てボーッとしていると、「自分の悩みはなんて小さいんだ。くよくよしても仕方がない。人生やりたいことがあるならやるしかない」という気持ちになれました。（洪英高）
- 現地では「一人」だったけど、決して「独り」ではなかった。常に家族や友人、その他支えてくれる方々が近くにいてくれたからです。それに尽きます。（安永麻紀）
- 一つは、「なにか成し遂げて帰らないと皆に合わす顔がない」という意識でした。もう一つは、現地の友人たちとの交流でした。アメリカ人もいましたし、現地で知り合った日本人は今でも日本で交流しています。（土屋春樹）
- 何人かの人たちが自分のメンターとして、毎週末、自分の報告書を通して自分の挑戦に一緒に向き合って応援してくれた。だから自分は孤独ではなかった。次第に現地でも仲間や信頼できる人たちができて、壁にあたるたびに相談を通して自分を何度も奮い立たせてくれた。それでも挫けそうになった時、ここにきた理由を思い出すために来るまえに必死になって書き上げた志望動機書を何度も読み返した。(高木一樹)

- 精神論・根性論で申し訳ないけど、がむしゃらにやるしかない。後から振り返ると、「困難なんてあったっけ?」と思えるくらいの小事。大変なのはそのときだけ、と思えるマインド。でも、誰にでも向き不向きはあるから、向いていないところでがむしゃらにやらなくてもいい。自分の闘うフィールドはどこか、いかにそれを見極めるかが重要というマインド。(吉開祐貴)

- 必ずどこかに応援してくれる人はいるから、その人たちのためにがんばろうと常に思っていたこと。(丸田理乃)

- やりたいことを人に話して、やらないといけない状況をつくる。トビタテ生にはビックマウスが多いと思うが、大事なのは、大きなことを言ったあと、後付けでもいいからそれに見合う行動や成果を出すこと。トビタテメンバーで壮大な留学計画、ビジョンを毎晩のように語ったので、帰国してから恥ずかしくないように、また集まって語り合えることを楽しみにしながら、口から出た言葉に追いつけるように努力した。どうしても発言に行動が追いつけないときには、目標が高すぎたと開き直る精神さえあれば、何も怖くない。(宮本真都香)

・苦しかったのはドイツ語の授業です。「こんにちは」と「ありがとう」くらいしか知らずに受けた授業は、すべてドイツ語でした。私のために授業が何度も止まり、ほかの生徒にも迷惑をかけてしまい、いたたまれない気持ちになりました。それでも「どんなにつらくてもやるしかない!」と自分に言い聞かせ、毎日、辞書を片手に授業の復習と予習、宿題を欠かさず理解に努めました。それとともにクラスの同級生に先生の説明や質問を英語で通訳してもらい、ドイツ語で答えるようにすることで、授業にも対応できるようになりました。3週間たったころにはショッピングで、店員さんとドイツ語で話せるまでになりました(多田愛海)

Q2　留学によって感じた成長や変化、景色の違いを教えてください

・承認欲求の呪縛から解け、自己実現に向けてピュアに突き進めるようになった。また、視座が高くなった。今は、「個人でなにかを達成したい」というよりは、「チームで世界にインパクトを残したい、社会を豊かにしたい」と本気で思うようになった。(洪英高)

・「日本食を海外に広めるために、一汁三菜Ｂｅｎｔｏを開発する！」と大口は叩いたものの実際のところ、英語すら話せず、商品開発経験もないただの大学生の私が、と自信のかけらもないまま過ごしていました。留学先のデラウェアには日本人が少なく、会話を通じて誰かと感情を分かち合うこともすぐには出来なくて、語学学校の授業中ですら、意見を述べることが恥ずかしくて出来なかったのです。そこから「自分に自信がついた！」と自分で評価が出来るようになるまでは1年以上かかったのですが、留学を通して、自分で考える力を身に付けたこと、自分を信じて行動を続けたこと、どんなに小さなアクションでも積み重ねていけば、人は変わると確信できたことによって自信をもつことができるようになりました。(安永麻紀)

・働く場所、環境、周りの人の文化などへの寛容さが広がった。自分の進む方向・やるべきことを切り開いて、進んでいく力を養えた。(土屋春樹)

・ずっと引きこもりが悪いことだと思って自分を悲観視していたが、その期間があったからこそ動画や音楽を作る方法を知ることができた。そして留学中に、「九九のうた」づくりでそれがとても役に立った。それがきっかけとなり、卒業後も自分の道を自分で切り拓いていくことができた。だから世間的にネガティブなイメージをもたれてしまう立場にある人たちのいい側

面や可能性、希望を感じることができるようになった。(高木一樹)

- 日本に生まれ落ちたことがこんなにも幸せで、だからこそできること、やるべきことがある、と使命感がわいた。誰しも人生の中で、たくさんの分岐点とすれ違っている。選択と覚悟の繰り返しで毎日が人生らしくなる。「頑張って生きてるな〜自分」って感じられるようになった。(吉開祐貴)

- 状況や物事に柔軟に対応できるようになった。機会があったら逃さないようにしようという思いを常にもつようになった。(丸田理乃)

- 自分とは考え方の違うコミュニティに飛び込む力がついた。留学中、せっかく留学しているのだから、日本人以外のコミュニティに属そうと意識して過ごしたおかげで、島に移住してからも島の人たちのコミュニティにどんどん飛び込んでいけた。また、外国で暮らせたんだから、国内ならどこでも大丈夫だという謎の自信がついた。このメンタルによって帰国直後すぐに東京の部屋を引き払い、行ったことのない完全離島にとても安易に飛び込めた。(宮本真都香)

Q3　次の世代へメッセージをください

・留学を通して、私の人生はすごく豊かになりました。きっと留学を通して、国籍・人種・文化を超えてつながり混ざり合う経験をしたことで、新しい価値観に触れ、たくさんの発見をすることができたからです。気心の知れた友人も世界中にたくさんできました。こういった冒険は自分の人生をすごく豊かにするのです。(洪英高)

・本気で向き合えることを探してみて下さい！　情熱があればきっと助けてくれる人・機会に自然と巡り会えるはず。僕にとってはそれがトビタテやその周りの人でした。(土屋春樹)

・「自分はこういう人間だから」と決めなくていい。「みんながこうしてるから」なんて思わなくていい。「こういう決まりだから」と下を向かなくていい。自分の頭の中の声よりも、心の音によく耳を傾けてほしい。まだまだ未知である自分を楽しんで、やったことのないことに挑戦して、行ったことのない場所へ行ってみて、食べたことのないものを食べてみて、そういう未知へ挑戦する勇気をもってほしい。前へ前へ歩いていけば、知らない自分の一面や、気づかなかった自分と遭遇できる。それが自分にとっての新しい世界につながっていける唯一の方法だと思う。良いも悪いも全て自分の五感が判断してくれる、世間が決めるものじゃない。何があろうと自分の素直さは決して失わず、でも常に固定概念を疑ってみてほしい。そこにたくさんのチャンスが転がっているから。(高木一樹)

- 僕は田舎生まれ田舎育ちで機会や選択肢が本当になかった。孤独や不安で辛いときもたくさんあった。自分に負けず、選択と覚悟で人生が大きく拓けることを信じて生きてほしい。(吉開祐貴)

- 後先のことを考えすぎず、とりあえずやってみることが大事。なかなか行動に出られないときにはまず人に「こんなことがしたい」と言ってみるだけでもいい。やりたいことがない人には、弾丸旅行に出ることをオススメしたい。弾丸旅行によって、行こうとさえすればいつでもどこでも行けるんだというメンタルが培える。(宮本真都香)

- 高校生で留学するのはタイミングとしてとても良いと思っています。高校生はまだ価値観が固まっていないので、世界を見て、刺激を受けて、自分の未来や社会に対する見方や考え方が劇的に変わる可能性があります。異国の地で、その土地の空気を吸っているだけで感じることがたくさんあるし、今まで見えなかったものが見えてきます。ハプニングさえもすべて成長につながる良い経験になります。限られた留学期間を一息で全力疾走するくらいの心意気で自分の殻を破り続けて下さい。応援しています！ 頑張ってください！（多田愛海）

- 怖くても初めの第一歩を踏み出せれば、その先には素晴らしい世界が広がっています。壁にぶつかることもありますが、それもすべて含めて楽しいと思えるはずです。（神田美紀）

越境体験で「世界を知る」「日本を知る」「自分を知る」

彼・彼女たちが留学で得たものや身に付けた力は様々ですが、共通しているのは、

- 未知の世界に思い切って飛び込む勇気やチャレンジ精神。
- 困難を乗り越えた結果生まれた「何とかなる」という自信や、「海外でできたのだから日本でもできるはず」といった、いい意味での楽観的なものの考え方。

・いろいろな人に支えられ、応援されていることに気づくことで生じた感謝の気持ち。などだと思います。

彼・彼女たちに限らず、海外に飛び立つということは、視野を広げるだけではなく、自分を見つめ直す絶好の機会です。整理すると、「世界を知る」「日本（地域）を知る」「自分を知る」ということになるかもしれません。

・「世界を知る」→世界は広くて、狭いことに気づくでしょう。自分の知らないことに出合うという意味では、世界は途方もなく広い。一方で、「結局、人間は一緒じゃん」ということも感じるはずです。

・「日本（地域）を知る」→外から内側を見つめ直すことで、今までは見えていなかった日本（地域）の良さを知るでしょう。同時に、課題も浮き彫りになるはずです。

・「自分を知る」→多様性に満ちた世界を肌で感じることで、「人って色々で、面白い」と実感するはず。裏返せば、「自分は、自分でいいんだ」という自己肯定感につながるでしょう。

留学体験、越境体験によって、必ずしも期待していた成果が得られるとは限りません。嫌な思いや挫折を経験することもあるでしょう。けれど、それらも含めて、すべてが人生の肥やしになり、宝になると、本当にそう思っています。

私の場合、留学ではありませんが、2011年と翌年に世界のリーダーが集うダボス会議に参加したとき、上記のようなことを明確に体験しました。世界の激変ぶりを目の当たりにし、日本の未来を憂い、自分自身の無力さを痛感しました。一方で、日本の良さも見え、自分にしかできない役割を見つけることができました。

そして、それがきっかけとなり、その後、多くの関係者の思いを形にして、トビタテのプロジェクトは誕生しました。

次章では、トビタテ立ち上げストーリーの前段として、プロジェクト・ディレクターである私が、トビタテ立ち上げに深く関わるきっかけとなったダボス会議での出来事から話を進めていきたいと思います。

総合商社を退職し、起業家の道を歩んでいた私が会社を売却し、後先を考えずに、官民協働という困難な国家プロジェクトに飛び込んだ大きな転機が、そこにはありました。

第2章
衝撃的だった世界のリーダーたちの実力

ヤング・グローバル・リーダーズ（YGL）に選ばれる

総合商社を経て起業家の道を歩き、その後の新たな展開を模索していた2009年のある日、私のもとに英文のメールが送られてきました。

よくあるスパムメールだと思い、スルーしていたのですが、先輩から、

「船橋！　お前、ヤング・グローバル・リーダーズに選ばれているぞ」

と連絡が来ました。寝耳に水のことでした。

よくよく、その英文メールを確認したところ、差出元は、スイスのジュネーブに本部を置く非営利団体「世界経済フォーラム」の事務局からでした。

ヤング・グローバル・リーダーズ＝Young Global Leaders（以下、YGL）とは、世界経済フォーラムが、世界中の多種多様な分野から選出する40歳以下（現在は38歳以下に変更）の若手リーダーのコミュニティです。

毎年、世界で100〜150人が選ばれ、累計では3000人を数えます。日本人も例外では

なく、私の知人や関係者として、以下の方々も名を連ねています。

- 出雲充（ユーグレナ代表取締役社長CEO）
- 岡島悦子（プロノバ代表取締役社長、グロービス経営大学院教授）
- 河瀬直美（映画監督）
- 小泉進次郎（衆議院議員、環境大臣）
- 合田圭介（東京大学大学院理学系研究科教授）
- 小林りん（ユナイテッド・ワールド・カレッジISAKジャパン代表理事）
- 近藤正晃ジェームス（元Twitter代表取締役副会長、国際文化会館理事長）
- 鈴木英敬（三重県知事）
- 鈴木直道（北海道知事）
- スプツニ子！（アーティスト、東京大学特任准教授）
- 高島宏平（オイシックス・ラ・大地 代表取締役社長）
- 西本智実（指揮者）
- 藤沢久美（シンクタンク・ソフィアバンク代表）
- 古川元久（衆議院議員）
- 松田公太（タリーズコーヒージャパン創業者、元参議院議員）

・松本紹圭（浄土真宗本願寺派光明寺僧侶、未来の住職塾塾長）
・南壮一郎（ビズリーチ代表取締役社長兼CEO）
・宮城治男（NPO法人ETIC．代表理事）
・山崎直子（宇宙飛行士）
（五十音順。敬称略。肩書きは、ことわりのないものを除き、現在）

YGLは他薦で選ばれます。一定の選考要件をもとに第三者機関がスクリーニングし、メンバーおよび世界経済フォーラム事務局や委員による選考がなされるようです。以前私が事務局の方から聞いたその要件とは、

①40歳以下（現在は38歳以下）。
②イノベーションを起こした実績がある。
③マスコミに露出している。（信用力調査）
④ボランティアなど社会貢献活動をしている。
⑤グローバルに活動している。（これは加点の要素）

というもの。私の場合、第6章で詳しく述べますが、総合商社を退職後、ウィル・シードという教育活動や企業研修を主要事業とする会社を起業。閉鎖的といわれる日本の学校教育に、体験

型シミュレーションゲームという当時としては斬新な手法で、子どもたちが社会課題を実感できる教育プログラムを全国規模で提供していたことが評価されたのだと思います。

ＹＧＬのメンバーに選ばれると、６年の任期で世界経済フォーラムが主催する各会議に参加する権利が与えられます。

一つは、毎年9月に中国（大連・天津）で開催される夏季ダボス会議、通称「サマーダボス」。

一つは、年間を通して、アフリカ、ラテンアメリカ、東アジア、中東など、世界各地で開催される地域会議。

そして、毎年1月末にスイスのダボスで開催される年次総会（ダボス会議）です。主要国の国家元首や政治指導者、世界をリードする経営者、知識人、ジャーナリスト、宗教家、社会起業家、国際機関関係者が一堂に会し、世界経済や環境問題など地球規模の課題について議論する場として知られています。

ただし、ダボス会議については、自由に参加できるわけではありません。活動実績等に応じて、正式に招待されないと参加は認められないのです。私の場合、ダボス会議に参加できたのはＹＧＬに選ばれてから2年を経た、２０１１年と２０１２年の2回。日本のＹＧＬメンバーをとりまとめる幹事的な役割を果たしていたことや、後述する日本人ＹＧＬが立ち上げたいくつかのプロジェクトに、主導的に関わり汗をかいてきたことが認められたようです。

各会議およびYGL限定の年次総会や研修、さらには2日～1週間程度の合宿スタイルで行われるリーダーシップトレーニングでは、世界中から集まったYGLメンバー同士で、気候変動やAIなど、現代的な諸問題について意見を交わし、G20などへの提言を行うことがあります。

また、課題解決に向けた具体的なプロジェクトを発案し、実行に移すこともあります。実際、日本人発のプロジェクトとしては、「テーブル・フォー・ツー（TABLE FOR TWO）」や「ビヨンドトゥモロー（BEYOND Tomorrow）」のほか、200を超えるプロジェクトが生まれています。

一方で、YGLに選ばれたものの、何の活動もしない人もいます。営利団体に所属の場合は会費制で、さらに会議に参加する際にかかる渡航費等は、基本的に自費だからです。

私はというと、ちょうど起業した会社の事業の転換期にあり、インプット不足と次の会社の展開に悩んでいた時期ということもあって、ダボス会議への参加やYGLの活動を、新たな一歩を踏み出すチャンスと捉えました。

「この機会を利用して、世界の動きを一気に見てこよう。少なくとも2年間は、できる限りの会議に参加しよう」

と決意し、中国で行われるサマーダボスのほか、ブラジル、ベトナム、タンザニア、インド、ミャンマーなど、多くの地域会議に足を運ぶようにしていました。

能力の差を思い知らされたダボス会議

そして2011年1月、ついに年次総会であるダボス会議に参加する機会を得ました。

参加者が百人にも満たず、どこかあっさりした地域会議に比べて、ダボス会議の雰囲気は全く違いました。国家元首や王族もいれば、廊下でビル・ゲイツとすれ違ったり、パーティーにミック・ジャガーがいたり。Wikipediaを作った人、YouTubeを作った人、Twitterを作った人、同世代の大臣等が普通にいます。世界中から、選りすぐりのリーダーが集まる様は、まるで政治、経済、文化のオリンピック。気分が高揚しないほうがどうかしています。

ダボス会議では、年ごとに社会課題に関する大きなテーマが設けられていますが、それ以外でも「アート」「社会起業」「リーダーシップ」など、一日に何十という会議が同時並行で開かれています。いずれの会議もオープンにされ、登録すれば自由に傍聴できるのですが、人気のある会議は席が埋まってしまいます。

私は分野を問わず、最先端の動きについて知ることのできる会議を選んでは、世の中がどう進もうとしているのか、貪欲に吸収しようとしていました。総合商社を退職し、起業後の10年間は、国内向けに教育関連の事業をしていた私にとって、ダボス会議は世界を知るための最良のインプットの場であったのです。

驚いたのは、想像以上の世界の劇変ぶりです。

世界の貧困格差に興味があり、学校教育でその実態を伝えたいと思い教育事業を起こした私でしたが、BRICsに続き、韓国（サムスンがちょうど有名になってきた時期）やNEXT11など、同時並行的に新たな「先進国」が台頭している状況に驚きました。

商社勤務時代に訪れたナイジェリアの急発展ぶりなど、発展途上と思っていた国や地域の変貌に驚きました。世界市場の地図が大きく描き換えられていることを実感しました。

日本のプレゼンスが落ちていることも大きな衝撃でした。以前であれば、トヨタやソニーをはじめとする日本型経営の事例が数多く紹介され、パネルディスカッションのテーマとして取り上げられていたはずなのに、完全に影を潜めていましたし、会議でも登壇者はほぼいない状態でした。1980年代、日本がバッシングされた時代がありましたが、会議の場で他国のYGLから

「Now, Japan Passing! Japan Nothing!」（日本の存在感はないよ！）と言われた時はショックを受けました。

それ以上に突き付けられたのが、自分の能力不足です。ダボス会議に先立つ各種会議や研修でもそうでしたが、世界中から集まったYGLのメンバーと意見を交換するたび、語学力、情報量、ディベート力、そして教養の4点で圧倒され、打ちひしがれる場となりました。

幼少期と高校時代を南米で過ごし、商社勤務時代はインドネシアに駐在。起業家としての経験も含め、多少は国際人としての自覚があっただけに、中途半端な自信が根底から揺らぎました。グローバル人材、あるいはリーダーとして必要な人を巻き込む力などの素養や、「世の中を良くしたい」という思いやビジョンはもっていたはずです。しかし、同じレベルで語り合えないし、付加価値を出したり、関係を深めるために必要とされる標準装備の準備が圧倒的に不足していました。

食いついてもらう武器もありません。日本では、硬直した学校教育に挑む取り組みに「面白い！」と関心をもたれる方は多いのですが、海外ではそのような教育は当たり前。誰も食いついてはくれません。自分にアテンションを引き付けるものが何もないのです。

特に、各国のYGLとの情報格差には驚かされました。別の研修でのことですが、「日本の大手商社がクロマグロを乱獲し、静岡県の清水港にある冷凍庫で保存している。日本人として、それをどう考えているんだ！」

と複数のＹＧＬから糾弾されたことがありました。海外では知られた情報だと言うのですが、私にとっては初耳です。「情報鎖国」「アイランド・メンタリティ」というのでしょうか。多くのことが島国の中で完結しているため、どうしても入ってくる情報は時差があり、そして限られます。日本は「情報鎖国」的な環境にあると自覚せざるを得ませんでした。それに異文化の人と接することも相対的に少ないし、語学だって切実に必要とされるわけではありません。

「それではいけない。井の中の蛙ではいけないよ」

と、教育現場や研修を通じて、子どもたちや、若い社会人に伝えてきたはずなのに、自分がまさにそういう立場にいたのです。

同じ島国や、ミャンマーなどの政治的に閉じた国でも、ＹＧＬに選ばれるような人は留学や海外暮らしの経験が豊富で、世界基準の教養をまとっています。それに対して、日本人の場合、自国内ですべてが完結するという特殊な環境にいるため、海外に目が開かれていません。ＹＧＬに選ばれるようなリーダーも含め、日本人だけが、井の中の蛙になってしまいがちなのです。

日本人の強みは傾聴力とチーム力

すっかり自信をなくし、劣等感にさいなまれてしまった私を救ってくれたのは、同じくYGLメンバーの、ある外国人から言われた

「ミスター・フナバシ、あなたの人の話を聞く力（傾聴力）は素晴らしい」

という言葉でした。そんなことを言われるとは思ってもいませんでした。知性と教養の塊のような人々に囲まれて、かつ、どんどん主張する人々の中で思うように間に入って話すことができず、仕方なく聞き役に回っていたことが、彼の目には褒める対象として映ったのです。

それまで私は、「聞き役」というポジションに対して、やや否定的に捉えていました。というのも、人から好かれたいという内心があったのだと思うのですが、学生時代の私は基本的に、人の相談にのることが多く、自分を前面に出すタイプではありませんでした。

「あなたには、自分というものがない」

そう言って、彼女に振られたこともありました。そういう自分と決別したくて、社会人になっ

てからは、意識して積極的に行動するようにしてきたからです。

ところが、「傾聴力がある」と言われたことで、弱みと思っていたことが強みでもあることや、その場に貢献さえしていることを知ったのです。

劣等感が消え、勇気がわいてきました。自分をリスペクト（尊重・尊敬）し、アクセプト（受容）できた瞬間でした。それ以来、人の意見によく耳を傾けたうえで、自分の意見も効果的に発言するというスタンスが自然ととれるようになりました。

そう考えると、日本人の欠点と言われることの中にも、強みが隠れているのではないか。すると、いろいろと思い当たる節がでてきました。

典型的なのはチーム力です。確かに、日本人は「個」の力が非常に弱い。外国では語学力のせいにもできますが、日本人しかいない場でも、個をアピールすることが苦手です。控えめな性格なのか、空気を壊すのが嫌なのか、とにかく目立ちたがらないし、目立たない。

一方、チーム力は抜群です。ＹＧＬの研修では、巨大な会場に、社会的な課題が20ほど取り上げられ、それぞれのテーブルで議論するというスタイルが、よくとられます。課題解決に向けたアクションプランを作成するのですが、机上の議論で終わるとは限りません。テーブルに前向きな実業家、政治家がいると、プランが現実に動き出すこともあるのです。

ただ、私が見る限り、海外のＹＧＬメンバーの多くは、声をあげて、斬新なアイデアこそ出すものの、案外、言いっぱなし。それを具体的な実践として落とし込もうとはしません。対して、日本チームは誰かがイニシアチブをとって、その場の人を巻き込みながら、一丸となって、律儀にアクションにまで落とし込もうとします。

学食や社員食堂で低カロリー食を1食を注文するごとにアフリカの子どもに地産地消での給食2食(20円)が支援される仕組み「テーブル・フォー・ツー」(https://jp.tablefor2.org)も、YGLの日本人メンバーの議論から生まれた事業の一つです。

ダボス会議のヘルスケアに関する分科会で、あるグループが「肥満」について、別のあるグループが「飢餓」について議論していたときのこと。その休憩時間中、浅尾慶一郎さん、古川元久さん、近藤正晃ジェームスさん、松田公太さんらが、隣り合った二つのグループの異なる課題を見渡しながら

「開発途上国で飢餓にさらされている子どもが10億人いる一方、先進国には肥満が2007年時点で10億人もいる」

「別々の問題に見えるが、食の不均衡という点では根底でつながっている」

「先進国の国民がローカロリーフードを食べたら、自動的に20円がアフリカの子どもの給食費になるような仕組みをつくれば、飢餓は減るし、就学人口も増えるのでは」

というアイデアを出したことがきっかけでした。

シャイな日本人のために発案された名刺プロジェクト

私が初めて参加したダボス会議では、期間中の夜のイベントで、「ジャパンナイト」や「フィリピンナイト」という、それぞれの国がパーティーを主催し、参加者をもてなす催しがありました。なかでも、日本食と日本酒などを振る舞うジャパンナイトは最も人気があり大盛況。何百人もが集っていました。

けれど、私が残念に感じ、改善すべきと思った光景がありました。それは、もてなす側であるはずの日本人の参加者のほとんどが日本人の仲間同士で固まっていたことです。海外のパーティーでの「あるある」なのですが、外国人のYGLメンバーからは、

「これではジャパンナイトではなくジャパニーズレストランだよ」

と皮肉を言われました。非常に恥ずかしい思いを体験し、もっと積極的に外国人に話しかけ、もてなし、日本のことをアピールする場にすべき、と忸怩たる思いで初参加のダボス会議を終えた記憶があります。

それではいけない、と高島宏平さんらと相談した結果、翌年の2012年のダボス会議に向けて、ある画策をしました。

「シャイで外国人とのコミュニケーションが不得意な日本人には、会話のきっかけとなるツールが必要だ。オリジナル名刺を作成し、日本人が来場者に配るようにしたらどうだろう。コミュニケーションをデザインしよう」

という話になったのです。ちょうど東日本大震災の翌年。支援をいただいた海外の方々に向けて、その時点での復興状況を知らせる上でもよいツールになるのではないかと考え、三つの面で構成される名刺にはちょっとした戦略的な工夫を凝らしてみました。

まず、表面は東日本大震災に対する心配を除去するために「復旧・復興状況」を記載しました。

例えば、

- 港湾機能、電気、ガスは90数%、復旧しています。
- 瓦れきの処理は100%終わっています。
- 震災の9秒前に新幹線は止まって事故は生じませんでした。

そこに、徐々に

など、うまく日本のアピールを意図的に散りばめ、そしてさらに震災とは関係のない、

- 200年続いている世界の老舗企業の40%は日本の企業です。

・ミシュランガイドの三ツ星レストランは、パリよりも東京のほうが多いのです。

など、アピールが苦手な方も名刺を通じて話しやすくするよう、日本の宣伝を少々。そして、最後の面は震災の支援に対する感謝の言葉で締めくくりました。

この名刺を数千枚作成し、YGL仲間で日本人の経営者、政治家など出席者に一人50枚ずつ渡し、

「これを外国の方に配ってお礼と説明をしてきてください！」

と促したところ、役割があると律儀な日本人の特徴なのでしょうか、皆さん、挨拶がてら一生懸命に名刺を配布し、あちらこちらで楽しそうに会話や友好の輪が広がっていきました。シャイな日本人でも、きっかけさえあればうまくいく。コミュニケーションデザインの重要性を実感した瞬間でした。

この体験をヒントに、「トビタテ」の留学前の事前研修では、「トビタテ生自身の好きな日本『マイ・ジャパン』を紹介するオリジナル名刺を作成し、留学先で100枚配ってみよう」

と呼び掛けるようにしました。義務に近い形で促した結果、初年度の留学前の研修では乗り気ではないトビタテ生も多く、効果に対して半信半疑で、「名刺なんて配りたくないです」という拒

否反応も多くありました。

しかし、帰国後は反応がよく
「すごく喜ばれ、友だちがたくさんできました」

「バーで隣の人に話し掛けるきっかけになりました」

など、評判は上々でした。なかには、「なんで名刺じゃなきゃいけないんだ」と言って、折り鶴の形をしたオリジナル名刺を作成し、配った学生もいました。これこそ多様な発想のトビタテ生の真骨頂。もちろん、それでもいいのです。あくまでコミュニケーションのための一つのツールなのですから、名刺である必要はないし、そもそもツールを必要としないなら、それでいい。

現在、名刺も、折り鶴型名刺も、事務局でひな型を用意しています。裏面は、自分のアピールを書き込めるフリースペースになっています。

もちろん、作成するのも、配るのも任意。これから海外に留学する全ての大学生や高校生も、ぜひ参考にしてください。

YGL仲間の不可能なレベルの構想とスピード感あふれる実行力

それまでの私は、自分が「日本人」であるという感覚に乏しく、むしろ、日本に対する否定的な感情のほうが強かったような気がします。しかし、ダボス会議等での体験を通じて、日本に対する危機感をもち、何とかしなくてはという使命感も芽生え、また日本の良さや可能性を信じられるようになりました。

初年度のダボス会議への参加以降、私は、日本のYGLメンバーをとりまとめる役割を担いました。約2年間、毎月1回、朝食会をアレンジし、各国の大使を招き各国の最新の情報を得つつ、日本をアピールする場としての勉強会を開催。飲み会の幹事役も進んで引き受けました。またダボス会議で日本の他国との情報格差、情報量の少なさを実感した危機感から、次回、参加する際には、チームとしての動き（情報やアクション）をそろえたいという思いもありました。実際、2回目のダボス会議の際は、「空気を読まないで発言する」をモットーに、日本のYGLメンバーと意思統一し、会議に積極参加するようにしました。

事務局的な役割を担い、忙しいＹＧＬメンバーからは感謝されましたが、それは優秀な人たちに囲まれる中での私自身の居場所をつくるためでもありました。当然のことながら日本のＹＧＬメンバーは輝かしい経歴の持ち主ばかり。皆さんのような卓越した能力がない分、私はＹＧＬメンバーをつなぐことに徹しました。人と人をつなぐというのは、昔から私の好きなところです。

ＹＧＬメンバーの特に優れている点は、スピード感と実行力。毎月の朝食会では、毎回、誰かしらが、「会社を売却した」「新事業を起こした」「大学院に入学した」「次のキャリアに進む」など、新しい挑戦についての近況報告を聞くことができました。そして、常に私の想定を超えるレベルの構想や目標を出してきます。そうした刺激を意識的に受け続けることで、自然と自分も引き揚げられていくような感覚になったのです。

特に、私が影響を受けたのが、先ほどから名前が出ている高島宏平さんのほか、近藤正晃ジェームスさん、藤沢久美さん、そして宮城治男さんです。

高島宏平さんは、野菜を中心とした食品の宅配事業を行うオイシックス・ラ・大地　代表取締役社長。常に、社会を変えるような面白いことを考えるタイプ。戦略家で努力家。新しい領域のイノベーティブな事業を着実に成長させつつも、同時並行で本業と関係ない、いくつもの社会性ある難易度の高いプロジェクトを抱えるのですが、淡々とこなし、がんばっている姿を決して見せません。

近藤正晃ジェームスさんは、最初に出会った時はマッキンゼーにいましたが、いつの間にかＴｗｉｔｔｅｒ Ｊａｐａｎ代表取締役会長・Ｔｗｉｔｔｅｒ本社副社長に。民主党政権時には国家戦略大臣のブレインをしていたこともあるなど、活躍の場を目まぐるしく変える人です。日系企業とシリコンバレーのベンチャーをつなぐ「シリコンバレー・ジャパン・プラットフォーム」というプロジェクトや、最近では、世界経済フォーラムと経済産業省とアジア・パシフィック・イニシアティブ財団とで「世界経済フォーラム第4次産業革命日本センター」というのを立ち上げたりと、とにかく仕掛け人。私の想像を遥かに超す大きな構想と目標レベルを提示し、彼の中に答えはあるのに「皆さんのアイデアと協力が欲しいのです」「私は何もしていません。皆さんの力ですべてが進んでいます」といった顔で、うまく人を巻き込みながら物事を動かします。英国育ちで英語堪能。その紳士的な振る舞いと気品は、国内外のどんな要人にも尊敬を受ける方です。

藤沢久美さんは、投資信託評価会社を起業したのち、ソフィアバンクというシンクタンクを立ち上げたことで知られる実業家。その後、環境問題や社会起業、教育・文化に関わり、今は大学院でスポーツビジネスを学ぶなど、時代を先取りし、興味あるところに軽やかに転換、開拓していく人です。老若男女、国籍を超え愛される方。もの腰が柔らかく見える半面、切れ味鋭い視点や芯の固さはなかなかのもの。常に開拓者として活動してきたからでしょう、人との信頼関係を第一として、一度受けた仕事は絶対やり遂げるポリシーがあるため、のちにトビタテを一緒に立ち上げる際にも、「この人は絶対に最後まで伴走してくれる」という、とてつもない安心感がありました。

宮城治男さんは、日本で最も影響力あるＮＰＯの一つであるＥＴＩＣ．の代表です。インターンシップ制度を日本に導入したり、起業家、社会起業家の育成や地域活性の活動などをしたりと、学生のときから約25年間一貫して世の中を変えることに裏方としてこだわってきた人。90年代は創業期のＤｅＮＡやミクシィをはじめ多くの企業のスタートアップ支援をしていたこともあり、多くの経営者などからも一目を置かれている存在です。少しでも株を分けてもらっていたら大金持ちになっていたはずですが、そうしたことには一切興味がないし、３６５日無休で「世直し」だけを見据えて動く人。見た目も含めて仏のようだとよく言われていますが、政治家や官僚にもパイプがあり、鋭い洞察力や視点をもち、物事を進めるときには、したたかに動ける実務家です。

このほか日本のYGLメンバーに共通しているのは、基本的に利他主義であり、社会のために動こうとしているところ。リスクより可能性を見て、想像を超える高い目標を掲げるところ。だから人から信頼され、多様な人が巻き込まれていくようなところがあるのです。

3週間で立ち上げた震災被災児の支援プロジェクト

最初のダボス会議での衝撃も冷めやらぬ2011年3月11日、東日本大震災が起こりました。3日後の3月14日の夜遅く、高島さんから電話があり、

「今から近藤ジェームスさんと藤沢久美さんとでスカイプミーティングをしませんか？　被災地のことでわれわれYGLとして何かできないか話し合いたいんです」

と提案がありました。正直、衝撃でした。人材教育事業をしていた私の会社は、春の新入社員の研修に向けて最も忙しい時期であり、その対応に追われていました。近藤ジェームスさんは当時Twitter Japan代表。震災直後は通信手段が途絶え、Twitterが有力な通信手段でしたし、食品の宅配事業をしている高島さんの会社も、物流や通信が機能しないなか、

二人とも不眠不休で対応していたわけで、当然、私以上に他のことに意識を向ける余裕などないと思っていたからです。

そんな方々からの会議の提案を断れるわけがありません。午前0時から3時間、スカイプミーティングをしました。

「被災した地域の復興には長い期間がかかるだろうし、学校の再開も容易ではなさそう。保護者を失う遺児・孤児も無数に生まれるでしょう。YGLの我々がすべきなのは、Young（子ども）な、将来の被災地を担うLeaderを育てることではないか」

「東北3県の大学進学率は国内で最低レベル。さらに悪くなるだろう。進学資金や学習をサポートする団体を立ち上げよう」

「これから大変になる家族や学校、そして地域の復興を担うリーダーに育てよう」

と、対話のなかから、やるべき構想の形が浮かび上がってきました。

1週間後、YGL仲間に一斉に声がけし、私のオフィスにYGLのメンバー20人が集まりました。その席で、近藤さんが

「一人100万円をコミットしてください。20人で2千万円。報酬500万円で二人のスタッフをフルタイムで2年間雇用することができます。「テーブル・フォー・ツー」はフルタイムでコミットする人が不在だった期間があって、立ち上げが遅れたのでスタッフが不可欠なんです」

と経験談も踏まえて話をもちかけると、全員が賛同。立ち上げ資金のめどがつきました。その場で近藤さんが当時バーレーンに勤務していた元部下に連絡し、参画を打診。後に事務局長を引き受けてくれることになりました。

翌週には被災地に現地視察し、2週間後には、鈴木寛元文部科学副大臣を招いて震災をテーマにしたシンポジウムを開催。その場で、東日本大震災の震災遺児・孤児や被災度合いの高い子どもたちへの進学奨学金付与・リーダーシップ育成プログラム「ビヨンドトゥモロー」(http://beyond-tomorrow.org) の発足を発表しました。スカイプ会議からわずか3週間のことでした。

ゼロから新たな道を模索する

「ビヨンドトゥモロー」の立ち上げのほか、東日本大震災の直後、その悲惨な状況を見て、私は居ても立ってても居られず、会社の経営よりも被災地の支援活動に時間を割いていました。

「2週間、時間をください。何とか仕事を頼む」

と複数の側近の社員に懇願し、自分の人脈を駆使し、クラウドファンディング上で募った1千万円ほどを寄附。会社のことよりも、困っている人を何とかしようという気持ちが抑えられませんでした。

とはいえ、社員も震災後の会社の状況に不安を感じているなか、会社のことを放ってしまったことは経営者としては失格です。また、ダボス会議で感じたグローバル化の波や、教育現場の急速な改革に対する危機感もあり、「会社と、本来の自分の存在意義」を熟慮した末、２０１２年７月に会社を売却することに決めました。

売却先は河合塾グループ。企業研修で培ったウィル・シードの人材育成コンテンツとノウハウを、より広く初等中等教育、さらには高等教育の現場にも展開することを期待して。また、「社名を変えない」「社員をリストラしない」「サービスを変えない」などの条件を受け入れてくれたことから決めました。自身の決断とはいえ、家族とわかれるような、身が引き裂かれるような交渉でした。

会社を売却して、精神的な疲労がたまった私は、ゼロから新たな道を模索することにしました。何かをする前には頭を空っぽにしたほうがいい。一度リセットして、自分をじっくり見つめながら今後のことを考えたかったのです。

ただ、ＹＧＬのメンバーとして世界を見て回り、日本の現状に危機意識と可能性をもっていた私には、三つのキーワードがありました。「グローバル」「イノベーティブ」「ソーシャルインパクト」です。

「テーブル・フォー・ツー」のように、グローバルに展開し、自身の強みの一つである世界経済フォーラムのネットワークを駆使し、一気に世界中の人たちを支援するソーシャルビジネスモデルをイメージしていました。ＹＧＬのネットワークを活用すれば、それが可能だし、インパクトを起こせそうな気がしていました。そんな事業を模索しつつも、なかなか妙案が出てこなかったときにお会いしたのが下村博文さんでした。当時の文部科学大臣です。

第3章
「トビタテ！留学プロジェクト」の始動

一夜で決まった留学プロジェクト構想

このころ（2012〜13年）、YGLのメンバーは、発足して間もない安倍晋三政権の閣僚や、中央省庁の官僚から国際情勢やグローバル人材の育成、教育政策の課題についてヒアリングを受ける機会が増えていました。きっかけは東日本大震災。歴史的な災害に見舞われたことで、日本社会は大きな不安のただなかにいました。

少子高齢化も加速し、内需の拡大が難しいなか、復興と並行して、国外にマーケットを求めなくてはなりません。それには世界を舞台に活躍できる人材を育てる必要があります。政府はそう危機感を強め、政策の参考になる情報を得ようとしていました。

私自身、世界経済フォーラムが主催する会議や研修に参加する中で、日本の将来に危機感を抱くと同時に、可能性についても強く認識しました。「このままではいけない」という当事者意識が芽生えていましたから、こうした場に参加できるのはありがたいことでした。

そうしたなか、YGLメンバーでもある自由民主党の牧原秀樹衆議院議員（現経済産業副大臣）

のセッティングで、2013年4月9日の夜、下村博文文部科学大臣（当時、以下すべて）とYGLのメンバーとの懇談会が都心の中華レストランで開かれました。

円卓に座ったのは、私の他、ETIC．の宮城治男さん、ソフィアバンクの藤沢久美さん、ユナイテッド・ワールド・カレッジISAKジャパンの小林りんさん、楽天の創業メンバーの小林正忠さんら計6人。文部科学大臣に呼ばれるとなると、テーマは教育です。参加メンバーには、教育に造詣の深い人も少なくありませんが、その中で教育ビジネスに深く関わっているのは私です。

気負いはありませんでしたが、「自分の思いを届けよう」「政策に活かしてもらおう」という前向きな気持ちで臨みました。大臣からは

「今の日本の教育の問題について遠慮なく語ってほしい」

と求められました。私たちは、ダボス会議に参加したときに日本について何も語れなかった恥ずかしい共通体験や、日本人が外国人に比べてあまりにも自分の国について語れない現状を説明した上で、

「良いことも悪いことも含めて、日本について、正しく学べる『日本』という授業が必要ではないか」

「ダボス会議のような場をなるべく多くの日本人が体験したほうがいい。意欲ある若者は、学生

のうちからどんどん外国に送り出すべきだ」

と訴えました。

宮城さんは、座学で学ぶような留学だけではなく、インターンをしたり、途上国で社会貢献をしたりする実践型の留学を提案しました。それも、誰かが用意したものではなく、学生自身が留学計画を作成するという画期的なアイデアでした。

国の奨学金制度とはまったく違う制度設計が必要だという意見も出ました。税金を使う奨学金制度では、どうしても成績や語学力、それに世帯年収といった数値化された基準によって選考されますが、それでは多様な学生を送り出すことはできません。民間の寄附を入れることで、のびしろのある、とんがった人材を海外に送り出すべきだという議論に発展し、

「企業で人を採用するとき、大学の成績などほとんど見ていません。それより意欲とか情熱が大事では？」

「国だけで進めてもうまくいかないので、民間の力を活用するべき」

という率直な議論になりました。

大臣自身、そうした新しい留学制度の設立にとても積極的でした。

「自分は父親を交通事故で亡くし、あしなが育英会の前身団体の奨学金で早稲田大学で学んだ。海外に行きたいという情熱があって、必死でアルバイトをして貯めた数十万円を手にして念願の

アメリカ留学を果たしたが、その頃には資金を貯めるための過労・心労で、燃え尽き症候群のような状態になってしまい、思うように学べなかった。だから学生には、金銭的な苦労をさせず万全の状態でいかせたい」

「本当は大学を世界基準で9月入学にし、高校を卒業した後の約半年の大学入学前に全員、ギャップタームという形で数カ月、留学だったり、ボランティアだったり、大学で何を学ぶのかを再定義する時間をもった方がいいと思う。場所によっては一人30万円くらいでも行けるはず。全員を送れるような状況が本来はあった方がいい」

そのような特別な思いを語っていただきました。

その後も大臣とメンバーからは次々と具体的な意見が出され、

「2020年までに1万人を海外に送り出そう」

「官民ファンドを創設し、オールジャパンでやるのはどうか？」

「民間からの寄附の方が柔軟性が高い、新しいことができるはず」

「学生一人あたり200万円が必要だとして、200億円を目標に集めよう」

という、今につながるコンセプトや数値目標が、その日のうちに固まっていきました。「単なる懇親の場」での議論が現実のものになるとは想像もしていませんでしたが、国の政策に活かされたらいいな、という思いでいっぱいでした。

文部科学大臣の本気

驚いたのは、会合の翌日に、文部科学省の担当者を通して、「改めて、プロジェクトを実行しよう」という、下村大臣からの連絡があったことです。

もちろん、文部科学省内部で「グローバル化等に対応する人材力の強化」という大枠は決まっていて、日本人留学生を増やすことは既定路線でした。けれど、官民協働とか、民間の寄附で1万人を新たな枠組みで送り出すといった構想は、このとき生まれたものです。

これだけの規模の政策が一夜にして現実味を帯びたことに驚かされました。まずは下村大臣個人のリーダーシップに、そしてトップダウンとはこういうものなのかと、「ポジション」のもつすごみを肌で感じました。

その後2回、下村大臣、文部科学省幹部、若手官僚、セブンイレブンの伊藤順朗取締役、ヤフーの宮坂学社長（現東京都副知事）をはじめとする企業経営者、品川女子学院の漆紫穂子校長（現理事長）らと意見交換の場が設けられました。プロジェクト実現を前提とした有識者に対するヒアリングでした。

そのときの意見も参考に、宮城さん、藤沢さんと文部科学省の若手官僚の方々と議論を重ね、プロジェクトのスキームを作っていきました。まだ、その後、自分が責任者になるとは思っていませんでしたが、国家プロジェクトが動き出したというわくわく感はありました。

そして、わずか2カ月後の2013年6月に閣議決定された「日本再興戦略～JAPAN is BACK」等において政府は、2020年までに海外留学者数を倍増（大学生：6万人→12万人、高校生：3万人→6万人）させることを目標に掲げたほか、官民が協力した新たな海外留学支援制度を創設することが謳われました。

「無茶ぶり」の指名を受け入れた理由

その年の9月には、中国の天津で開催された夏季ダボス会議に下村大臣の参加を提案しました。目的は、日本からの企業経営者や政治家などに、トビタテの構想を披露すること。加えて、大臣にも待ったなしのグローバル化の状況やダボス会議の雰囲気を肌で感じていただき、今後の留学プロジェクトや教育政策を進めるうえで、参考にしていただきたいという個人的な思いがありました。

文部科学省と藤沢久美さんのアレンジで、世界各国の教育関係者やキーパーソンと下村大臣の会談が分刻みで設定され、夏季ダボス会議の共同議長だった三菱商事の小島順彦会長（当時）ら、日本の財界の方々20人ほどを集めての朝食会もセッティングしました。

「文部科学省が旗振り役となり、これまでにない枠組みである民間の資金を使った海外留学制度を設立する。オールジャパンの取組みにご協力をいただきたい」

そう話す下村大臣に、小島会長らの共感、賛同を得ることができ、私たちもプロジェクトの実現に自信を深めました。

ただ、この段階では、誰が何をするかまでは決まっていませんでした。それまで2回、経営者らを交えたヒアリングを開き、毎週、文部科学省の若手の官僚の方々と議論を重ねてきましたが、特に文部科学省の官僚の皆さんはただでさえ多忙な状況。みな本業があるなか、突然、前例のない文部科学省初の官民協働という国家プロジェクトが降ってきた状態です。なかなか具体的な動きにはつながりません。

夏季ダボス会議が始まる前には、宮城さんと藤沢さんとで、

「これだけの巨大プロジェクト。誰か、文部科学省内部に入り、フルタイムでプロジェクトを動

かす人間が必要だ」

という話になっていました。そこで、天津での夏季ダボス会議を終え、空港へ向かう車の中で、下村大臣に状況と切実な事情をお伝えし、

「現状で来年度からプロジェクトを開始させるには、フルタイムで民間的な発想で物事を動かす人が必要です。少なくとも3人のスタッフを採用する必要があります」

と進言したところ、

「わかった。すぐ日本に連絡する」と。そして、少し間を置いて「ところで、誰がやるんだ？」という質問が返ってきました。すると間髪入れず、宮城さんと藤沢さんが、

「船橋さんがいます」

と示し合わせたように私を名指ししたのです。「ええっ！　なんという無茶ぶり！」と正直驚きました。確かに私は、下村大臣との懇談会で主張した「いいだしっぺ」の一人です。海外経験、人材育成、グローバルに対する問題意識などもありました。ただ、協力こそ惜しまないつもりでいましたが、オーナーシップのマインドまではもち合わせていませんでした。プロジェクトが始まれば、国が外部の人材を引っ張ってきて、進めていくと思っていました。何より、文部科学省としても前例のない大規模な官民協働プロジェクトです。民間人としてどう関わればいいか、まったく想像がつきませんでした。

一方で、会社も売却し、新しいことにチャレンジしようと思っていた時期。キーワードであった「グローバル」で「イノベーティブ」で「ソーシャルインパクト」も起こせそうです。

それに、このような国家プロジェクトはおそらく10年とか20年に一度しか出てこないと直感で悟りました。そうした感覚は、経済産業省と学校向けの事業をやってきた経験から理解していました。何より、自身の教育ベンチャーを足掛かりに日本の教育や社会を変えようとしてきたこれまでと比べて影響力が桁違いです。

かつてであれば尻込みしていたかもしれません。しかし、国内外のYGLメンバーと交流を深め、その想定を遥かに超える構想や目標値、行動力やスピード感を目の当たりにし、「テーブル・フォー・ツー」や「ビヨンドトゥモロー」を始めとしたプロジェクトに巻き込まれていくうち、私の感覚は麻痺していました。むしろ、良い意味で常識レベルが転換、進化していたのでしょう。敢えてコンフォートゾーンから一歩外に出て、刺激を受けることを意識していたわけであり、今回の話も、私にとって困難なチャレンジとは思えませんでした。

その場では、即答しませんでしたが、自身の腹は決まっていました。

立ちふさがった官民の壁

そうして2013年11月、霞が関にある文部科学省の一室に「プロジェクト準備室」が、さらに2014年4月には、「官民協働海外留学創出プロジェクトチーム」が正式に立ち上がりました。

正式就任した私の肩書きは「官民協働海外留学創出プロジェクト トビタテ！留学JAPANプロジェクトディレクター」です。

繰り返しますが、「トビタテ！留学JAPAN」とは、意欲と能力ある全ての日本の若者が、海外留学に自ら一歩を踏み出す機運をつくるために、文部科学省が2013年10月より開始した留学生の倍増を狙う留学促進キャンペーンのこと。その具体的な取り組みとして、まずは官民協働で1万人のとんがった学生を世界に送り出すというフラッグシッププロジェクトが、2014年4月からスタートした官民協働の海外留学支援制度「トビタテ！留学JAPAN日本代表プログラム」です。

大げさかもしれませんが、「日本を代表するくらいの自覚をもって応募してもらいたい」というメッセージが込められています。

ただ、プロジェクトの中味を統括する責任者として就任した私ですが、最初のうちは外部の人間として警戒されました。大臣を交えたミーティングには声をかけてもらえません。人生をかけ、腹をくくり、プロジェクトのリーダーとして全責任をもつくらいの覚悟で着任したのに、権限がなかったり、必要な情報も十分に与えられず、両手両足が縛られている感覚がありました。「よそ者」で、まだ実績も信用もなく、警戒もされていたのか、会議で提案しても、無条件で賛成されることはまずありません。相当な時間の議論と交渉を重ね、ようやく10に1つを通すような状況が続きました。

国家を動かす官僚の主たる仕事は、未来永劫続く政策立案です。国民の税金で成り立ち、すべてが表にさらされます。そうしたリスクを踏まえてか、前例主義の組織文化でした。そのうえ、今回のような巨大なプロジェクトでは失敗は許されません。新しい施策やアイデアに抵抗感を抱かれるのはある程度、仕方がないのです。

ただ、会議で反対していた人でも、心の中では賛成していることも少なくないようでした。後になって、「会議では、立場があるので、ああ言いましたが」とフォローのメールを送ってくれる職員もいて、本質的には賛同している人が多いことも気づきました。

私は「よそ者」だからこそ、職員では提案し辛いことも代弁する役割があるはずだと、自分を叱咤して行動しました。

文部科学省の職員一人ひとりは、さすが中央省庁の官僚だけあって、志は非常に高いです。国民のため、という強い使命感があるから、地味な業務でもモチベーションは一定で、やるべきことをたんたんとこなします。この点には感嘆しました。そして本当に一生懸命、長時間働きます。人間的にも善良な人たちが多いという印象です。公平平等で、視野も広く、責任感も強い。一つひとつの政策の影響が大きいため、細かいところのリスクヘッジも怠りません。

ただ、人事評価における減点主義が原因だと理解しますが、ミスを恐れることや、その結果として前例主義という組織風土や思考を生み出すことも相まって、ややもすると「提案」より「チェック」が優先されがちであることや、主体的というよりは受け身的であることも多く感じました。民間のように、投資対効果を見極めつつ、新たな取組みやリスクをとりながら、柔軟かつ機動的に行動できないのがもったいないと感じました。

とはいえ、プロジェクトが進むにつれてしばしば実感させられたのが、絶対的な信頼、安心感、ブランドなど。だからこそ、官と民のもつメリットをあわせ、デメリットを補いながら、両者をつなぐことに、このプロジェクトの意義があると思いました。

信頼を築くために意識した五つの行動

そうした中、以下の五つを意識して働いたことが、結果的に、個人的な信頼獲得につながったと思っています。

一つ目は「給料が安かった」こと。民間企業でのキャリアを評価する中途採用の仕組みがなかったこともあり、私の場合、フルタイムではありますが非常勤職員として相当な給与ダウンでの採用となりました。しかし、私にとってそれは大きな問題ではありません。ただでさえ警戒されそうなのに、高い報酬では反感を抱かれるだけです。私利私欲ではなく、奉仕しているスタンスは伝わったかと思います。

二つ目は「いちばん働く」こと。最初の数年は人手不足に加え、毎年、半分近くのメンバーが入れ替わるような組織であったので止むを得ない事情もありましたが、朝7時には出勤して、遅くまで残ることを自分に課していました。最近は、そうした働き方がほめられる時代ではありませんが、やるべきことの大きさに対して、私に与えられた時間はあまりにも少なかったので仕方ありませんでした。

三つ目は「リスクと責任を負う」こと。提案が思うように通らないのは、減点を嫌う組織において危険を冒したくないからでしょう。だからこそ「責任は私がとる」という立場を明確にしました。特に官僚の方は長くても二年に一度という頻繁な異動があります。また、企業からの短期の出向者が多い組織の性質上、長くいる私が責任をとらざるを得ないのも事実でした。

四つ目は、「結果を残す」ということ。どうやって情熱溢れるトビタテ生をより多く集め、彼らの真剣さ、笑顔、成長を形にするか、細部までこだわり、魂を込めました。

そして、五つ目は、「下村大臣とは直接連絡をとらない」こと。どうしようもなく困ったとき、私から下村大臣に直接アプローチすれば、手助けのお願いが出来たでしょう。大臣からの直接の指示だとなれば、私の提案は通りやすくなるかもしれません。しかし、最もしてはいけない行為だと思いました。それをしては、一時的な効果はあっても、私への信頼が失われ、職員のモチベーションは低下するはずです。実は、これが一番効果的だったのではないかと思っています。下村大臣の任期中、私から直接大臣に連絡をとったことは一度もありませんでした。

読者の中には、異なる立場のメンバーがいるプロジェクトや、信頼関係が醸成できていない段階でリーダーを任される人もいるかもしれません。そんなとき、上記の五つが参考になれば幸いです。「給料を安くする」は「奉仕の気持ちを形で示す」に、「下村大臣とは直接連絡をとらない」

は「コミュニケーションの順番を守る」などと置き換えるなどしてください。

「国家機密」と「プロボノ」

人手も不足していました。最初の2カ月は実質3人体制。フルタイムで働くのは私一人です。そのほか、期間限定のハーフタイムが4人と、他にも業務のある文部科学省の職員が手伝ってくれるくらい。それだけではとても国家プロジェクトを動かすことができません。特に、目の前の課題への対応や業務に追われ、戦略を考える人材が足りていませんでした。

そこで、人づてで紹介してもらったマッキンゼー日本支社長のフランス人、ジョルジュ・デヴォー氏に「プロボノで出向者を出してほしい」とお願いしました。

プロボノとは、業務で培った専門知識やスキルを活かした新しい形のボランティアのこと。自社の社員をNPOに提供するなど、多くの企業が社会貢献の一環として制度的に採り入れはじめています。デヴォー氏は、日本人のグローバル化と人材育成に危機感を抱いていて、「うちから10人出しましょう。半年間、週末と夜に手伝わせましょう」

と快諾してくれました。ところが、「これは、数億円の価値があるはずだ」と喜び勇んで戻ったところ、文部科学省からストップがかかりました。

「プロボノの前例がない。ボランティアとしての無償協力で、賃金が発生しないということは、責任も発生しないので、国家機密を扱うような重要な仕事は任せられません」

という理由でした。「国家機密などは扱っていないのでは…」と思いつつ、よく理解できなかったので、

「彼らに普通に依頼したら、とんでもない報酬がかかります。それを無償で引き受けてくれるんですよ」

と説明してもダメなものはダメという反応でした。しかし、諦めるわけにはいきません。なんとか打開策はないものか。悶々と考えたあげく気づいたのは、官僚の皆さんは法律や規定を判断基準として動くという点です。その点、閣議決定の文書には「官民が協力した新たな海外留学支援制度を創設」とあります。この文言を拠り所に交渉し、

「プロボノこそ新たな協力の仕組み。無償以上の協力はないんじゃないでしょうか？」

と説得し、何とか了解を得ることができました。のちに、それが前例となり、日本ＩＢＭ、新日本監査法人、リクルートキャリア等もプロボノチームを組成してくださり、業務改革等を担っていただきました。

私自身も、複数の支援企業のトップにプロボノや出向者を出してくれるよう依頼に奔走しました。アメリカでは起業家が有力者に出資を募るとき、エレベーターに同乗しているわずかの間に依頼をすることから「エレベーターピッチ」という言葉があるのですが、私もそれを地でいくようなことをしました。例えば、支援企業の社長が講演に来てくださった際、帰りのエレベーターに乗り込み「出向社員を事務局に派遣していただけないでしょうか?」と依頼したことがあります。

また、大手コンビニ会社ローソン社長(当時)の玉塚元一さんに対しては、ある会議の帰り際、タクシーに乗車する間際に声をかけ、「コンビニのレジ画面にトビタテの広告を載させてください」とお願いしたところ、経営企画部につないでもらい、実現することができました。

営業経験を積んでいるとはいえ、このような場面では、私もさすがに一瞬ひるみます。ただ、日本の将来の若者と国家プロジェクトのためにという使命感をもつとより強気になれます。そして、かなりな確率で成功するものです。

留学生にも、旅は恥のかき捨てではありませんが、現地で臆することなく、いろいろなことに一歩でも多くチャレンジして、自らの目の前の景色を変えてほしいと思っています。

プロボノと異なる「転職する民間人」の公募では、やはりYGLメンバーである人材斡旋会社ビズリーチ社長の南壮一郎さんに協力していただきました。大手ビジネスサイトで南さんとの対談を組んでもらい、同時にスタッフの募集を告知。その結果、千数百人の応募があり、優秀なスタッフも揃いはじめました。

その一人、荒畦悟は、リクルートや専門商社を経て、グーグルの日本法人で人材採用を担当する傍ら、英語個別指導塾を経営していた人物です。グーグルの日本法人でエンジニア採用を担当しているとき、応募者の多くはインド人や中国人ばかりで日本人がいないことに強烈な危機感を抱き、トビタテの公募に応募してきました。給与や待遇が大幅に下がることも意に介さず、今やこのプロジェクトに一生を捧げる覚悟で仕事に取り組んでくれています。

同じく公募で採用された西川朋子は、以前は留学情報メディア会社を経営し、その後はＰＲ畑で専門性を積んだ女性。どんな大物にもひるまず、突破口を開く、明るいキャラの広報の逸材です。二人は、トビタテにとってなくてはならない存在で、後に夫婦になりました。

宮城治男さんと藤沢久美さんには、最初の４年間、文部科学大臣から任命を受ける参与というポジションとして働いてもらいました。二人とも、これまで政府系の仕事を数多くしてきたため、政治や行政との関わり方などを熟知していたので大変助かりました。

また、藤沢さんは日本証券業協会の理事をするなど経営者の知り合いが多く、寄附金集めやファンドレイジングでも大変お世話になりました。

こうして、文部科学省、日本学生支援機構の職員のほか、数名の転職者、そして支援企業や教育機関などからの出向者からなるチームが形作られていきました。

出向組は、20代の若手やエース級から、定年近くの人まで、世代はばらばら。社内公募で選ばれた人や、成績優秀のご褒美として出向が認められた人のほか、突然の辞令でわけのわからないまま来てしまったような人もいます。

彼・彼女たちにとっては、事務局で働くことが「越境体験」「アウェイ体験」の場です。さまざまな異なる企業文化や価値観、仕事のルールのなかで、しかもスタートアップのような国家プロジェクトで働くなかで、いろいろなことに気づき、成長したことでしょう。実際、数年後、古巣に戻り、硬直した組織に新風を吹き込んでいるようなスタッフも少なくないようです。

ナガセ、佐鳴予備校、ベネッセコーポレーション、公文教育研究会、リクルート、河合塾といった教育系のライバル会社が一堂に集まったことも注目に値します。教育に期待する人たちだけあって知恵や人脈に加え、若い人たちを応援したいという熱意であふれていました。日頃の競合会社であっても日本の若者のために利害関係を越えて一致団結している風景が、私はとても好きでした。

ただ、私のマネジメント力不足で、思うような活躍の場や働きやすい職場とならなかった方もいたと思うと申し訳なさが大きいです。今のプロジェクトの成果があるのは、誰一人欠けることなく参画した全員のおかげです。

20億円を寄附したソフトバンクグループ孫正義氏

プロジェクトが掲げた、奨学金の原資となる寄附金の目標は200億円です。しかも、文部科学省では、これまで寄附金を集めた経験がありません。約1カ月間、毎夕、藤沢さんが文部科学省に通い、どのような方法で寄附金を集めたら良いのかを、高等局の担当者と一緒に、他省の事例などを参考に議論をし、最終的に、総理や大臣、経済団体のトップの連名による趣意書を作成し、資金集めの基盤を作りました。

それでも、文部科学省として本当に寄附が集まるかどうかに不安をもつ人が多く、幹部を寄附依頼に借り出すことに躊躇していました。そんな折、第一号で寄附の合意をしてくださったのが、日本証券業協会の稲野和利会長(当時)で、1億円の寄附と職員の派遣を約束してくださいました。これをきっかけに、文部科学省内でも寄附が集まる自信が芽生え始め、幹部の寄附依頼への動きを推し進めてくれるようになりました。

しかし、日本証券業協会に続く寄附は、文部科学省の幹部を中心に何度も企業に出向いてもなかなか集まりませんでした。趣旨こそ賛同されても、寄附金をいただくまでにはなかなか至りません。

ただ、日本企業の体質なのでしょう、商社勤務や起業時代の経験上、各業界で最初の1社が決まると、他社も続くことはわかっていました。そこで、三菱商事の小島会長に下村大臣から改めてお願いしたところ5億円の拠出を決めていただきました。それを機に他の総合商社が決まりました。

ソフトバンクの孫正義氏（現ソフトバンクグループ会長兼社長）だけは別格でした。寄附金を集め始めた当初、文部科学省職員の訪問先は経団連や経済同友会に加盟している歴史ある大企業ばかりで、ソフトバンクを訪問してはいませんでした。疑問に思い、なぜかと尋ねると、

「東日本大震災以降、孫さんは反原発を掲げ、太陽光発電を推進しているため、政府とは意見が異なる立場。寄附に応じていただけるとは考えにくいです」

ということでした。そんなことがあるだろうかと、孫氏の側近で、くしくも下村大臣と同じ交通遺児奨学生で、ともにあしなが育英会の副会長を務めていたソフトバンク常務の青野史寛さんに尋ねてみると、「それは誤解ですよ」と言って、本人に確認してくれることになりました。

孫氏の返事は「ぜひ会いたい」ということで、下村大臣が訪問すると、5分の説明を聞いいただ

けで快諾。20億円の寄附をしてくれることになりました。

後ほど詳しく触れますが、孫氏自身、高校時代、アメリカに留学しています。そこで「人の可能性は国籍ではない」と実感。今の自分があるのは留学のおかげという気持ちがあり、それが莫大な額の支援につながったのです。

そうして半年以上、寄附集めに奔走した結果、2014年4月末に実施した最初の記者発表の場では、ソフトバンクの他、三菱商事、トヨタ自動車、武田薬品工業、三井住友銀行をはじめ日本を代表する53社から寄附の確約を得たと発表することができました。下村大臣や、後に消費者庁長官になった板東久美子元文部科学審議官のほか、事務次官を筆頭に文部科学省の幹部の皆さんがプロジェクトにコミットし、精力的に動いてくれた結果です。

学生自身がつくる留学計画

こうして官民協働の海外留学支援制度「トビタテ!留学JAPAN日本代表プログラム」は、2014年4月、スタートしました。支援企業からの寄附を原資とした返済不要の給付型の奨学金を支給することで、2020年までの7年間で、約1万人の大学生（のちに高校生も）を留学生として海外に送り出すという壮大な計画のはじまりです。

ここで改めて整理しておきますが、トビタテの留学は、これまでの留学制度とは全く違います。

- 留学目的や行先、期間を含め、学生自身が留学計画を作成する。
- その際、単位取得を前提とした座学中心のアカデミックな留学だけでなく、インターンシップやボランティア、フィールドワークなど、多様な実践活動を計画に組み込む。
- 選考に際して、学業成績や英語力は不問。選考で重視するのは「情熱」「好奇心」「独自性」。
- 「理系、複合・融合系人材コース（未来テクノロジー枠含む）」「新興国コース」「世界トップレベル大学等コース」「多様性人材コース」「地域人材コース」「高校生コース」など、多彩なコースを用意。
- 留学目的を明確にするための事前研修に加え、単なる楽しかった体験で終わらせず将来に活かせるよう帰国後の事後研修を用意。
- 長期留学者には任意で支援企業の社員によるメンタリング制度を用意。
- 留学生同士が交流し、帰国後も多方面から刺激を受けるための多様性溢れる独自のコミュニティ運営を重視。

・100%民間の寄附を財源とし返金の必要のない奨学金を給付。民間の財源をベースにすることで、選考基準や留学の中味に柔軟性や幅をもたせることが可能に。

これまでの留学制度しか知らない人にとっては、これらの特徴は驚くべきことかもしれません。けれど、自分でものを考え決めるとか、一面的な成績だけで判断しないとか、独自性を重視し、他者との関わりのなかで多方面から刺激を受けるといったことは、人材育成や教育の本質であり、これからの時代に必要な当たり前の「教育思想」だと思っています。

前代未聞のプロジェクトですから、当然、反対意見も出ました。例えば、トビタテの特色であるインターンシップを含む実践型留学は、当初、事務局内で慎重論が多勢を占めました。

「通常の留学は、学業成績、語学力、単位認定などで教育の効果がわかるけれど、インターンシップだけでは、何がどう伸びたのか可視化できない。そもそも前例がない」

といった理由です。しかし、ある職員が過去の留学事例を調べたところ、国連へのインターンシップ留学の前例が見つかり、また、国費留学においてもインターンシップ留学を認める記述もあったことからゴーサインが出ました。

それでも、有識者へのヒアリングや支援企業への説明会などでは

「アカデミックな留学でないと、意味がないのでは」

と指摘されました。座学で学問を修めることが本来の留学だという意見です。もちろん、そういう留学は、引き続き必要だと思います。

ただ、このプロジェクトを通して、私たちがしたいのは、これからのグローバル社会で真に役立つ人材を育てること。それには、実践を積むのが一番です。実際、企業の採用現場で、担当者は学生の成績を見ているのではありません。

トビタテの最大の特徴は、学生自身が留学計画を作成することです。自分自身で決めたことですから、少々の困難があってもくじけません。第6章で述べますが、私自身、ブラジルの厳しいアメリカンスクールの環境の中で何人かの日本人の仲間が辞めていく中、卒業できたのは、自分でブラジル行きを決めたから。自分で内容を考え、決めた留学計画だからこそ、トビタテ生には離脱者がほとんどいません。

個性や主体性が大切だと言いつつ、これまでの日本の教育制度には、それを伸ばす仕組みも体制も財政的措置も十分とは言えませんでした。今まであれば、通用したかもしれませんが時代は変わりました。それを補う器の一つがトビタテであり、その「教育思想」です。個人的には、これは単なる新しい留学支援制度ではなく、教育改革なのだと思っています。

240社を超える支援企業が賛同しているトビタテのエッセンスこそ、これから様々な教育現場にレガシーとして取り入れられるべきと思っています。

1期生募集に尽力したユニークな東大生

1期生は300人を募集しました。最初はルートがなくて、文部科学省の職員が手分けして大学に電話をかけ、「とにかく応募させてほしい」とお願いしました。

また、東京と大阪で2回ほど、大学関係者向けに大掛かりな説明会を開きました。SNSで拡散し、すでに通常の国費留学が決まっている学生にも声を掛けるなどした結果、1700人の応募があり、323人が合格しました。かなりの狭き門です。

「多様性人材コース」(スポーツ、アート、国際協力、医療など様々な分野や活動において、今後の活躍が期待できる人材の留学を支援するコース)を中心に、予想以上の倍率となり、期待通りのユニークな学生が集まったのは、喜多恒介さんという東京大学の学生(当時)のお陰です。

彼は当時、全国の学生サークルのリーダーを束ねる団体のリーダーをしていました。学生界隈のチャンネルを通じ「おもしろいことをしている学生がいる」という情報を得て、文部科学省に足を運んでもらったのが、彼との初めての出会いでした。とても情熱的で応援したくなる真っすぐな好青年でした。私の話をきちんと聞いてくれたうえで、

「自分自身は留学には興味がないけれど、トビタテは日本を元気にするワクワクする取り組みだし、学生に素敵な機会を提供してくれる話。全国行脚するときに自身のコミュニティに発信していきたい」

と、無償で宣伝や募集を引き受けてくれたのです。彼は、企業をスポンサーにつけて、学生イベントや、企業に学生を紹介するような仕事もしており、全国を飛び回りながら、トビタテの宣伝を買ってでてくれました。今のトビタテの認知があるのは、彼のような想いのある多くの学生が、自主的にトビタテの広報に貢献してくれたおかげでもあります。

その後、日本を行脚した彼は世界へと目を向け、彼自身トビタテ5期生として、2カ月間アジア各地を回る旅に出ました。留学のテーマは、

「東南アジアで活躍する若手リーダー100人と会い、その生い立ちや活動内容、今後のビジョンをヒアリングし、日本とのコラボレーションの可能性を探究する」

というもの。その活動をきっかけに彼は、世界経済フォーラムが任命する33歳以下のコミュニティ、グローバルシェイパーズにも選ばれています。YGLの弟妹分的な、より若い可能性の芽に光を当てるコミュニティです。

選考基準は情熱・好奇心・独自性

トビタテ生の選考に際しては、学校での成績や英語力を問わない代わりに、これからの社会で必要とされる、以下の三つの要素を判断基準としています。

一つ目は情熱（パッション）。これこそすべての源泉です。社会をよくしたいとか、人々を救いたいという思いはもちろん、野心や欲やコンプレックスであっても構いません。心の中にある熱い思いが、行動に移すためのエネルギーの源になるのです。

二つ目は好奇心。これからの不透明で変化の激しい社会に適応するため、そして未知の世界に大きく踏み出す留学は、好奇心のあるなしで得られるものの差は大きく変わります。スイスにある世界的な経営者向けの経営スクールＩＭＤが、高いパフォーマンスをあげている経営者の特徴を分析をしたところ、好奇心や探究心の強さがあがったそうです。

三つ目は独自性。これからの時代、複雑な問題を解決するためにも、イノベーションを起こすためにも、多様な人同士が補完しあう必要があります。専門、経験、キャラクターなど、なんでも構いません。ＡＩやロボットの時代では、人とは違うものをもっていることが求められます。

仮に、四つ目、五つ目があるなら、「リーダーシップ」や「社会貢献意欲」でしょうか。しかし、重要なのはあくまで一から三。国家プロジェクト、まして「日本代表」だということで「リーダーシップ」や「社会貢献意欲」ばかりを重視すると、いわゆる昔ながらの生徒会長や学級委員長といったタイプに集中しかねません。しかし、これからの時代に大事なのは多様性。「粒ぞろい」ではなく、「粒違い」の集団にしたいという思いが根底にありました。多様性はトビタテコミュニティーで大事にしている根幹です。

一般の留学は、大学での成績が重視されます。しかし、その結果、せっかくのとがった学生のチャンスを奪い、同じような人間だけが集まっては、このプロジェクトの意味がありません。多様性という点では、国籍さえ問いません。

トビタテの支援企業には、日本を代表する企業が名を連ねています。そうした大企業が、成績や英語力ではなく、人物本位で選考をしていることの意味を、世間に強く知らしめたいと思っています。

「とんがった学生を選んでください」

選考は書類審査と面接の二段階で行います。「留学計画×人物」、この二面を見ます。人の選考、目利きのプロである支援企業の採用担当者に選考していただくのも、トビタテの根幹のひとつなのです。

しかし、第一期の選考は、まだ支援企業が決まっていない中、見切り発車で準備を進めており、選考委員が皆無でした。成績や英語力を見ないので、留学計画の中味、なにより人物を見抜く力が必要です。そんなとき、GEジャパン出身で、現在ユニリーバ・ジャパンで取締役人事総務本部長をしている島田由香さんに相談したところ、プロジェクトの趣旨に共感し、危機的な状況を理解していただいたうえで、「私が何とかするわ！」と、GEジャパン時代の人事仲間や、外資系の人事担当者約30名を集めてくださいました。

そして、選考基準の設計から書類選考、面接の設計までアドバイスをいただき、無事に実施することができました。自らも選考に加わっていただき、その後メンター制度の設計もしてくださった島田さんの気持ちと行動力には感謝しきれません。

私自身が面接を行うわけではありませんが、会場には足を運びました。そこでは、留学予定先の民俗衣装や日本の伝統衣装を着た学生、紙芝居でプレゼンする学生、歌ったり踊ったりする学生など、留学先や内容のみならず表現方法も多様性を体現する場となっていました。この機会を逃すまいと、自分ならではの創意工夫で一生懸命この日のために準備したのだろうなという強い思いと緊張感がビンビンと伝わってきました。

見た目だけではなく、選考委員に話す内容も、そこに込められた思いも多種多様です。

「ひきこもりだったけど、世界に出て、こういうことをしたい」

「田舎の高校で、まわりから留学を認めてもらえなくて、両親には内緒で受けに来た」

と話しながら、感極まって涙を流す学生の姿も見られました。

共通していたのは、みな、生き生きと話していたこと。企業の採用面接では、企業と自分とを無理にこじつけて、いかに自分がその会社で求められる人間か「相手に合わす」ことを話す場になりがちですが、トビタテの面接会場は、夢、やりたいこと、志、自分の考える問題意識など存分に「自分のありのまま」を話す場になっているため、言葉に嘘がないし、聞いていて楽しいのです。

意外だったのは、面接を終えた選考委員が、一様に喜んで帰っていかれたことでした。

「こんな素敵な若者が日本にはまだまだたくさんいるのですね。目の保養になりました」

「自分の企業には受けにこないタイプの学生ばかり。トビタテのように偏った採用基準の導入を検討します！」

という言葉もいただきました。

判断基準は、情熱、好奇心、独自性ですが、ひと言で表すなら「とんがった」人物。選考スタッフには
「とにかく、こじんまりしていない、とんがった人を選考してほしい」

と伝えました。もう一点、事務局の総意として付け加えたのは、

「もし、ボーダーライン上で悩んだとしたら、最後は、選考委員であるあなたの主観、独自判断で選んでください」

ということ。選考委員の皆さんも十人十色。それぞれが好きな色を選ぶことで、トビタテを、よりカラフルな集団にしたいと思いました。企業の採用では、明確な採用基準があり、面接担当者の個人的な好みが入る余地はありませんから、これは歓迎されましたし、独自性を重視する我々の考え方が伝わる指針になりました。

こうして、2014年の大型連休明けから開始した選考は、6月半ばに終了。応募約1700

人中、書類審査を通過し、面接審査を受けたのは500名強。枠は300人強ですから、大半は不合格になります。地方在住者も含め自費で応募してきた彼らに対して、選考委員の皆さんには、必ず次のように、背中を押すひと言を伝えてもらうようにしました。

「留学という果敢なチャレンジを試みた。その一歩の勇気が、すでに素晴らしい」

「狭き門で全員を合格させてあげられないけど、どんな手段を使っても、留学してほしい」

現在も、こうした選考のシステムは変わっていません。書類審査・面接試験ともに、支援企業を中心とした、民間企業の採用担当者など約100人があたっています。文部科学省の講堂で、普段競合する企業の採用担当者が一堂に集まって、この日ばかりは「日本の未来を担う若者」の選考をチームとして実施する。まさに、国家プロジェクトならではの素敵な場面だと、いつも会場で思っています。

心を奪われた孫正義氏の留学体験スピーチ

7月27日には、合格祝いやオリエンテーションを兼ねた大規模な壮行会を開きました。700

人収容の文部科学省の講堂は満員。半分近くが学生で、残りは支援企業や大学の関係者、スタッフです。保護者までは入りきらず、申し訳ないのですが、別室のモニターで様子を見ていただきました。

学生代表4人によるスピーチは、とんがったものでした。

「絶対に第二のスティーブ・ジョブズになる」

と宣言したのは千葉大学工学部4年（当時）の安谷屋樹さん。その後彼は、スタンフォード大学留学中、ヘッドセットを使ってロボットと一体化できるVR（バーチャルリアリティ）商品を開発。帰国2日前にベンチャーキャピタルから出資を受けることができ、見事、シリコンバレーで起業を果たしました。

式典には、下村大臣、ソフトバンクの孫正義氏も駆けつけてくださいました。特に感動的だったのが、孫氏のスピーチです。祖父母が日本にやってきたときの苦労、自らの留学体験、出自による差別、寄附に込められた思い。なにより若い人に期待が伝わる、心奪われるメッセージでした。のちに文部科学省の公式ＹｏｕＴｕｂｅチャンネル（https://www.youtube.com/watch?v=xTZRj-as2WI）にアップした動画は現在、約10万回視聴されています。少し長くなりますが、途中から引用させていただきます。

――（略）私の父と母がそれから結婚し、私と兄弟が生まれたわけですが、本当にそういうなけなしの状況で育って、何とか人並みの一般の人並みの生活ができるようなレベルまで、収入が立つようになって、働き盛りの親父、僕が中学生の時に血を吐いて倒れました。病院に入院しました。私は入院している親父がいて、中学過ぎた頃にですね、家庭は暗くなりましたよね。働き盛りの親父が倒れて、お袋は毎日泣いているという状況で、兄は高校の1年生でしたけど高校を中退して、家計を支えるようになりました。

そういう中で私は突然、アメリカに留学すると言い出したわけですね。もちろん親戚のおじさん、おばさん、「お前なんちゅうことを言うんだ」と、父が血を吐いて倒れ、母は毎日泣いて暮らして、兄は家族を支えるために高校を中退して頑張っている。お前は贅沢にただ普通に学校に行っているという状況の中で、ましてや家族も家計も苦しいのに、一人で楽しそうにアメリカに留学とはどういうことだ？　親戚のおじさんおばさんにこっぴどく言われました。「お前は冷たいやっちゃな」「何のために行くんだ」「それはいろいろ夢がある」「それはお前の個人の夢だろう？」「家族を支えなきゃいけない今一番苦しい時に、何でそんな勝手な夢をもつんだ？」。

僕はその時思ったのは実の兄貴にですね、兄ちゃんありがとうと、家族を支えてくれてありがとう、俺はアメリカに行ってくると。兄貴は「そうか。なんでや？」と聞くわけですね。

僕は兄にその時言ったのは、兄貴悪いけど兄ちゃん悪いけど、今家族を支えてほしいと。我が家のうちの家族の近い将来の問題。それを支えるのは俺は今は兄貴に頼りたい。遠い将来の家族、遠い将来のもっと多くの苦しんでいる人たちを支えるために、俺はアメリカに行くということで行きました。

ここにいる人はほんんど日本国籍、全員そうだろうと思いますが、僕は十数年前にね、やっと泣きたいほど望んで、日本国籍をいただくことが出来ました。今でも自分が何人かよくわかりません。23代前は中国に先祖がいて、そして韓国に渡って、三代前から日本に。名前は孫正義ですね。韓国でも珍しい苗字なんですよ。日本ではもちろんありえない苗字です。ですから日本で在日韓国人で、何十万人が心で苦しんでいる。いろんな意味合いで苦しんでいる人たちがいる。僕も子供の時はふと自分で、自殺したいと思えたこともありました。それは国籍問題で悩んだからです。泣きたいほど望んで得た、生まれながらにして自動的に得た国籍ではなくて、泣きたいほどに何で自分だけは日本国籍じゃないんだ。友達がクラスにいる中で、何で自分だけ変わった状況なんだろう。恥ずかしい、隠したい、そういう状況の中で苦しんだわけですけれども、それほど泣きたいほど望んで得た日本国籍。でも多くの同じような境遇の子どもたち、若い在日韓国人の人たちが悩んでいる。僕は彼ら彼女らに、そんなことはないんだ。本当は国籍なんちゅうのはただの紙切れだ。本当はどんなバックグランドであれ、みんな同じ人間だ。みんな1つの人間として尊いんだ。みんな同じ可能性、夢を実現できる可能性をもっているんだ。誰々が優れていて、何々国籍だと劣っている。そんなことはないんだということを、俺は絶対に証明してみせる。自分の人生をかけて証明をしてみせる。だからあえて「孫」という先祖代々の、当時は家族親戚みんな「やすもと」という日本名を名乗っていましたけども、僕は留学して帰って来たら、先祖代々の「孫」という名前を名乗って、自分の国籍の過去も堂々とカミングアウトして、その上で立派に同じレベルの人間として仕事してみせる。多くの人々に貢献してみせるんだ、ということを心に誓って兄貴と、俺は自分自身の幸せ、自分の家族を支えるということに加えて、もっと多くの苦しんでいる若い子どもたちに、背中で夢を示したいということを言って、アメリカに発ちました。

ですから、アメリカに留学して毎日勉強の鬼になりました。勉強の虫じゃないですよ。そんな生易しいものじゃない。もう道を歩く時も風呂の中でも食事をする時でも、寝ている時の数時間以外は全て勉強すると。もちろん英語で。アメリカでですね。家族が泣いている中で同じ一つ違いの兄貴に、中退してもらってまで支えてもらって、血を吐いている親父に何とか喜んでもらいたい。お袋にも喜んでもらいたい。ということで発ったわけなんで、1日1日のアメリカでの生活というのは、遊びほうけてるというわけにはいかない。本当に今の自分が恥ずかしくなるぐらい、その当時は1分1秒を惜しんで勉強しました。

多くの学問でアメリカで学んだこと、たくさんありますけども、でもそれ以上に学んだことはですね、そこではいろんな肌の人たち色の人たちが、みんな明るく夢にあふれ希望にあふれ、アメリカンドリームを掴もうとして、一生懸命に仕事をしていると。そして世界で最も進んだ文明や社会システムをもっている。僕はそのことに感動し、いつか日本に帰ったら、必ず世界に誇れるような企業を日本に作りたい。そしていずれその会社がそれなりの規模になったら、世界中の人々に我々の貢献する仕事で、幸せを提供したい。そういうことを誓って勉強しました。ですから今振り返ってみてですね、あの時もしあの16歳の僕が、アメリカを、外の国を知らなかったら、それを体験しなかったらと思うとですね、今の僕の人生は全然違ったものになってしまう。

僕は結果的にはですね、父は無事体の健康を取り戻し、お袋も今は笑って過ごしていますし、兄貴も幸せにしております。あの時支えてくれた高校を中退して支えてくれた兄貴がいた。そのお礼をですね何らかの形でしたい。僕が皆さんに支えとなる支援という形でしようと思っているのは、皆さんの家族とか兄弟が高校を中退してだとか、会社を辞めてまで、あるいは何か特別なことをして皆さんの留学を支援する、そういう境遇のときはそれでいいんですけども、先程大臣もアルバイトに明け暮れて、やっと1カ月留学出来たということですが、皆さんが少しでも夢と希望にあふれ、多くの人々に貢献できる。そういう道を提供できるのであれば、それが兄貴に対する恩返しであり、親父やお袋に対する恩返しだと、少しでもそういう形で恩返しがしたいと、少しでも皆さんがこの素晴らしい美しい本当に愛しき日本に、皆さんがこれから大人になって高い志で、皆さんの後に続く多くの若者に、そしてお年寄りに貢献できたら、そのことで僕が少しでも間接的に皆さんに応援できたら、そういう思いで今回支援することにいたしました。ぜひぜひこの機会を。人生で、この今の皆さんの若い時というのは二度とやってきません。1日1秒を大切にしていただいて、このきっかけをですね、大切にしていただきたい。有意義なものにしていただきたい。心からそう思います。頑張ってください。

第4章
トビタテ流
人材育成の仕組み

留学先で「Who are you?」と問われたら

壮行会の翌日からは、事前研修がスタートしました。参加した学生の表情は総じてキラキラしていました。特に、壮行会のあと、そのまま宿泊して、翌朝から研修に臨んだチームは、気分が盛り上がったままの状態です。

本章では、そんなトビタテで行っている研修について紹介します。トビタテ生だけではなく、海外に飛び立つすべての若者を念頭に置いた研修ですので、ぜひ参考にしてください。

さて、事前研修で、私が最も重視していることのひとつが「自分の軸」を明確にする作業です。自分の軸とは、大切にしている価値観とかアイデンティティのこと。日本のような同質的な社会に住んでいると、「自分は何者なのか」について、深く考える機会がありません。

阿吽の呼吸ではないですが、みなと同じように考え、行動することが良いことで、そこから外れないように振る舞う傾向が、いまだに強いと思います。

しかし、世界の常識はそれとは正反対です。多くの国は、人種や民族、文化、宗教、言語、思想信条を含めて、日常的に多様な人々と触れるため、「私は何者なのだ」「お前は何者なのか」と、日々意識せざるを得ません。そして、自分と同質のあなたではなく、自分とは異なるあなたに、価値を求めるのです。

日本の場合、自己紹介で名刺を渡すとき「○○商事の××です」とだけ言えば済みますが、海外では、「あなたは何をしている、どういう人か」まで見られます。そこは、大きな違いだと思います。

シアトルの建築事務所にインターン留学した大学院生がいました。

駅前開発の案件を任された彼は、シアトルの文化事情を調べ、それをもとにアメリカ人が喜びそうなプランを提案し続けていたところ、1カ月が経った頃にボスに呼ばれて、こう言われたそうです。

「Who are you? アメリカ人では提案できないプランを期待して、日本人であるお前に依頼したのに、こちらの価値観に合わせていたら意味がないではないか。日本人あるいはお前にしか出せないプランを出せ」

確かに、指摘の通りで、そのプランには彼独自の視点や思考がまったく活かされていなかったのです。ハッとさせられた彼は、それまでの2倍働いて、日本的なプランとアメリカ的なプランの両方をを提案するようにしました。

その結果、アメリカには珍しいのだそうですが、駅前に噴水があるという日本的なプランが、プロジェクトのマスタープランに採用されたのでした。素敵な成功事例です。

「Who are you?＝お前は何者か？」

留学を終えた多くのトビタテ生から、留学の学びとして出てくるキーワードです。留学中に異文化を学びにいくわけですが、その前提として、まずは基準となる「自分の軸」をもち、その差異を感じ、分析し、その背景を学びつつ、自身の価値観と合うものは取り入れ、自分を進化させることが大事です。

日本人的に相手に合わせすぎて、自分を見失いメンタルダウンするケースが多いだけに、「自分の軸」を見つめることは大事です。

「自分の歴史を振り返る」と「大切なことキーワード」

「自分の軸」を考えるために、研修に取り入れているのが、ワークシート「自分の歴史を振り返る」（158〜159ページ参照）への記入です。幼少期から現在に至るまで、1年ごとに、「経験したこと・起こったこと」と「考えたこと・学んだこと」を簡潔に記載し、当時のモチベーションを思いだしながら曲線にして表現します。

就活前の大学生にとって、自分の歴史を振り返る機会は、そう多くはないはず。可視化して、俯瞰することで、何となく過ごしてきたと思ってきたことのなかに、アップダウンがあったり、転換期があったり、小さな出来事の中に大きな意味があったことに気づいたりするはず。そうやって可視化した「自分の歴史」を、今度は人に話します。

「自分の歴史なのだから、自分一人で振り返ればいい。人に話すのは嫌だ」

そう思う人もいますが、人に話すことは、貴重なフィードバックを受ける機会です。自分ではたいしたことではないと思っていたことが、実はすごいことであることに気づかされたり、その逆があったり。自分とは違う客観的な視線にさらすことは、内省を深めるうえでとても大切なこと。お互いにとって、学びになるのです。

また、「大切なことキーワード」というワークもあります。「社会貢献」「人間関係」「楽しさ」「正義感」「挑戦」「自由」「社会的名声」「美意識」「知的好奇心」「能力」「愛」「家族」など、用意された約50の多様なキーワードの中から、最も自分らしく、最も大事にしたい価値観を直感で三つ選び、マルで囲みます。一方で選ばないキーワードについては「今後の人生の中で絶対手に入らないが、それでも良いか?」と自問自答しながら斜線を引いて消去するように伝えます。難しい選択を迫るワークですが、その分、自分は何に価値を置いているのかが、浮かび上がってきます。

グループ内で発表しあうと、自分がまったく興味ないことを選んでいる人が案外大勢いたりして、人の価値観は多様であることを知るいい機会になるでしょう。

いくつかのキーワードに集中しそうなものですが、意外とばらけるもの。ただ、若い世代で多く選ばれるのが「愛」や「家族」です。

面白いのは、留学終了後の事後研修では、選ぶキーワードが変わることも少なくないこと。外国で自分の力の無さを痛感したのか、「能力」というキーワードを選ぶ人が増えていることです。

こうした様々なワークによって、次第に明らかにされていく「自分の軸」と、最初に立てた自分の留学計画とがうまく関わっているか、6人ほどのグループ内で互いに発表し合いながら、徹底的に留学計画を改善していきます。

そこに支援企業の研修スタッフも入りながら、徹底的にブラッシュアップしていきます。それは夜になっても続きます。事務局のスタッフ7〜8人がブースを構え、そこに入れ代わり立ち代わり、学生が留学計画について相談に来るのです。マンツーマンで一人15分くらいかけて、「それって、本当にあなたの軸なの？　その計画で満足した活動ができるの？」という具合に詰めていくため、過去のつらい体験を思い出して、涙を流す子もいます。そして、何人かは徹夜して計画を練り直し、翌日、目を腫らしながら、みなの前で発表する。いずれも、自分の軸が反映された立派な留学計画に仕上がっています。

チームメンバー同士、家族のように愛情を込めて、互いの留学計画を仕上げることで、より納得した形で留学を遂行する意識が芽生えていくのです。

研修で必ず行う「自己開示」の意味

同じ留学を志す仲間とは言え、研修の場ではじめて会った他人に、自分のライフストーリーを話すことは、照れくさいし、勇気のいる作業です。

しかし、自己開示ができたとき世界は変わります。話しにくいことまで話すことで、自分が蓋をしていた何かを突破できることもあります。また開示することで、互いの心が開かれていきます。本音で話すことで、相手も本気になってくれるのです。一期一会のような研修や留学のような場で瞬時に懇意になるためにも特に有効です。

そうした相手が大勢いるほど、コミュニティとしても深みがでてきます。いろいろな人のライフストーリーを聞く中で、世の中には、いろいろな人がいるのだという多様性を実感すると同時に、「みな、自分と同じように悩み、苦しんでいるのだ」とか、「自分の悩みは大したことないのかも」という共感性や安心感が生じるのです。

研修では、私をはじめとした講師が先陣をきって、プライベートなことを話すようにしています。私もよく親との関係性や、トビタテ生と同じ年代の大学時代の部活の葛藤、失恋の話をしています。

誰かが最初に勇気をもって辛い話を格好つけずに打ち明けることが大事です。どんな話をしても大丈夫という、安心で安全な場の雰囲気が生まれやすくなると思うのです。

私がヒントを得たのは、YGLメンバーに選ばれ、ハーバード大学およびイエール大学で開催された「リーダーシップトレーニング」に参加したときのことでした。

それぞれ1週間から10日間の合宿スタイルで行われる研修で、毎朝2時間、6人のグループ内で対話し、それぞれが自己開示をするというプログラムでした。生い立ちや人生での苦難、成功や失敗もすべてさらけださなくてはいけません。そのため事前に秘密保持契約を結ぶほどです。

私のグループの6人の中に、ザイナブ・サルビという女性がいました。イラクを支配していた独裁者、サダム・フセイン元大統領の専属パイロットの娘で、今は、アメリカで女性の地位向上に取り組んでいます。彼女は、平和な日本ではありえないイラクでのすさまじい体験を告白し、私はその迫力に圧倒されました。何となくテレビの向こうの存在だった独裁者がリアルに感じられました。

正直、私が自分の話をする順番になったときは、気後れしました。

「私の話をして、彼らにとって何かためになるんだろうか」

という申し訳なさや、

「たいしたことのない人間と思われるのが恥ずかしい」

という気持ちも、正直なところありました。

でも、みな頷きながら、私の話を聞いてくれました。そして、話し終わったあとは家族のように距離が縮まっていました。

トビタテ留学の研修も同じです。確かに、生死に関わるような話をしている人のあとで、受験の苦労や失恋の話はしにくいのだけれど、本人がそれに真剣に悩み、向き合っている点では同じです。

語るストーリーは違っても、本人にとってのしんどさのレベルは一緒です。そのような自分のストーリーを吐露し、弱みを見せられるのは、精神的に強い人にしかできません。弱みを見せることで、相手も心を開きます。自分を開示することで親密度合が一気に変わります。あなたが語るストーリーはあなたにしかないもの。どんな経験でも否定されるものではありません。

「タグ付け」で自分を印象づけよう

人生もそうですが、留学中は一期一会です。ただ、自分に何かしらの特徴がないと、限られた時間のなかで初対面の相手の印象には残りません。特に、外国人にとって、振る舞いが比較的似ている日本人は、みな一緒に見えがちです。そのため、自分を印象付けるための「タグ付け」を意識するといいでしょう。タグとはもともと荷札、値札、ラベルのこと。

ＹＧＬ仲間であり、トビタテの研修で最も人気が高く、10回以上、登壇していただいているプロノバ代表取締役社長の岡島悦子さんは、三菱商事時代、ＭＢＡを取得するためにハーバード大学院に留学しましたが、大勢の優秀な学生に囲まれて、こう考えたそうです。

「せっかくの留学の機会。勉強ではなく、一番のネットワーカーになろう」

そこで、学生の間で自分のポジションを築くため、「胃袋をつかもう」と画策。毎週、同級生らを誘って部屋で「スシ・パーティー」を開きつづけたそうです。それが話題になり、「スシの岡島」とタグ付けされ仲間が増えていきました。それらの仲間に支えられハーバードでは最高の留学を体験できたという話をしてくださいました。そうした経験から、「私は○○である」というタグ付けが、留学中、仲間をつくるためのカギになると実感。「スシの岡島」というタグ付けによって、「たくさんの学生の中の一人」という状態から、「私」という個性を周囲から認識してもらえたからです。

楽天創業メンバーの小林正忠さんもハーバードのエグゼクティブコースに留学していたとき、「単なるアジア人の一人、日本人の一人ではなく、自分は〝Ｓｅ・ｉｃｈｕ＝小林正忠〟である！」と前半の4週間で考え、残り4週間となった段階で、頭を剃り上げ丸坊主にするという結論にたどりつき、印象付けたそうです。その他、5人の子持ちであることもタグとしてよく活用したそうです。

トビタテの研修では、こうした話を伝えたうえで、トビタテ生同士、互いにタグ付けするよう促しています。留学中もこの一手があるかないかで、人との出会いの量と質に大きく差が出るはずです。

坊主のように見た目のインパクト、奇抜な服装、変わった趣味、マニアックな専攻など何でもいいのです。場面によって複数使いわけてもいいかもしれません。海外にいくと「単なるアジア人か日本人」としか最初は印象に残らないものですが、タグを早目にもつことで印象の残り方が格段に違ってくるでしょう。

日本を理解することが「自分の軸」のベースになる

「自分の軸」を考えるとき、日本を理解することも大切です。なぜなら人間は、環境に大きく影響を受ける生き物だから。日本に住んでいる以上、好きであろうとなかろうと日本の影響を受けていないわけがありません。日本を理解することは、自分の軸を考えるうえで、ベースとなるはずです。

なのに、一般的に日本人はあまり日本のことを語れないと感じています。まして、自国のことを肯定するより、卑下する傾向が強いと思います。最近こそ、日本のことを必要以上にもち上げるテレビ番組が増えてきて、それはそれでどうかと思いますが、それでも海外の人と比較すると、圧倒的に自国の理解、愛国心・郷土愛は低いでしょう。

多少勘違いをしてでも、日本の良いところを再認識して、出国したほうがいいと私は考えています。理由は、

- 環境が変わり、周囲に流されがちな中、自分の軸を深める材料となり、流されにくくなる。
- 自国のことを語れると、対等な立場で外国人と接することができ、相手に受け入れられる。
- 逆に、自国のことを語れないと、怪訝な表情をされるなど恥ずかしい思いをしたりする。
- 自国のことを魅力的に語ることで、自分や自国に対する興味をもってもらいやすくなる。

など。

そのため研修では、「あなたにとっての日本を、自分の言葉で発信できるようにしよう」というワーク「マイ・ジャパン」を取り入れています。そして、名刺の裏に記載し出来るだけ配布することを奨励しています。日本には良いところも悪いところもありますが、研修を通じて、特に良い部分を再認識し、少しでも誇りをもって、自国に自信をもって留学してもらいたいと思っています。

余談ですが、海外で絶対に聞かれそうなことは、勉強しておいて損はありません。答えられないと恥ずかしい思いをするどころか、非常識だと疑われることさえあります。

典型的なのは、宗教に関する話題です。あなたが無宗教あるいは多宗教であることはいいとして、「なぜ、そうなのか?」という疑問に答えられるくらいの用意はしておきたいもの。

ちなみに、YGLのメンバーであり、東京大学卒で、インドでMBAも取得しているユニークな経歴を持つ僧侶の松本紹圭さんは、事前研修でこんな話をしてくださいました。

「クリスマスを祝い、大晦日にはお寺で除夜の鐘、元旦には神社へ初詣。年末年始は日本の宗教観がよく表れます。それでいて宗教を尋ねられると、無宗教と答える日本人は少なくありません。以前は、自分の宗教を明確に答えられない日本人の宗教観を、海外で不思議がられ、バカにされることもあったようですが、今は特定の宗教に帰属しない無宗教者が世界的に増えています。日本はコンビニの数以上にお寺・神社があり、多様な宗教が共存するその独自の宗教観に、世界が追いついてきた感もあります。無宗教と答えることを、恥ずかしく思う必要はないと思います」

なぜ「日本発信プロジェクト」をミッションにしたのか

トビタテ生には3つのミッションを課しています。

- 将来「グローバルリーダー」を目指すこと。
- 留学中は「アンバサダー（大使）」として日本を発信すること。
- 帰国後は留学の「エヴァンジェリスト（伝道師）」として活動すること。

このうち、アンバサダーとして日本を発信するためには、日本をより深く理解し、日本の良さに気づく必要があります。そういう意味では、「日本発信」は「日本発見」につながります。事前研修で、

「私は日本の発信をしたくありません。正直に言えば、日本が嫌いだから海外に住むくらいの覚悟で挑戦しているので」

と言っていた青森出身の大学生がいました。ところが留学先のアメリカの大学で、

「あなたは数少ない日本人なのだから、日本のことをみなの前で発表して欲しい」

と強く頼まれてしまいました。仕方なく、現地の人に、日本のどんなことに興味があるかリサーチをしたのですが、みな日本の事をまったく知らないことにショックを受けたそうです。

そこで闘志が湧いた彼女は、急いで故郷のねぶた祭りのことを調べ、着物などを取り寄せて発表したところ、大反響があり驚いたそうです。彼女は留学後の研修でこう話してくれました。

「日本発信はすごく良い経験でした。いまだに日本が好きかどうかは微妙だけど、日本を正しく知ってほしいという気持ちは芽生えました」

日本発信を強いるというと、文部科学省が自国のPRマンを作ることと捉えられがちですが、そうではありません。あくまでもコミュニケーションのきっかけや、アイデンティティを考えるきっかけにしてほしいのです。そして、結果として自分がどれだけ自国を知らないかを知る。そんな機会を期待しているのです。

もちろん、トビタテ生の「日本発信」によって、外国に日本のファンが増えてくれたら最高です。その結果2020年のオリンピックに来る外国人が増えることもあるでしょう。ちなみに、トビタテ生には一人が100人の外国人と友だちになってくるように依頼しています。単純計算で1万人のトビタテ生で100万人がつながることになります。友だち100人はオーバーとしても、一人30人なら30万人。それは、新たな形の外交や安全保障、情報収集の手段にもなるのではないでしょうか。国家プロジェクトでもあるし、トビタテ生にはこれくらいの大きな視点をもって欲しいと思っています。

「留学に順位なんてあるんですか？」

1期生の事前研修では、YGL仲間で、博報堂のクリエーターである市来健太郎さんがデザインした「TOBITATE NEXT JAPAN」と書かれた揃いのTシャツを全員に配布しました。トビタテ生の記念・象徴として、自尊心や一体感を醸成するためです。そして、

「留学中にこれを着て、写真を撮って、1期生の間でシェアしよう」

「研修中も、みなで着て盛り上がろう」

と依頼をしました。すると、フランスへの演劇留学を計画している、ある女子学生が手を挙げて、こう言ってきました。

「船橋さんはトビタテで多様性を重視しているのに、なぜ同じTシャツを着ることを強いるのですか」

確かに、その通り。彼女は、間違ったことは言っていません。さすがトビタテ生です。とんが

っていていいなと思いました。そこで、

「OK、まさにそのとおり。わかった。強制はしません。でも、記念撮影のときくらいは、プロジェクトの一体感を出すため、着てくれたらうれしいな」

と、正直に答えたところ、納得してくれました。

もしそこで、変に押し付けていたら、私に対する見方は変わったでしょう。ですから
「こういうことを発言してもいいんだ」

という、安心・安全な雰囲気が醸成されたことは、結果的に非常に良かったと思いますし、こういうとんがった本質を堂々と言うトビタテ生がいることをとても嬉しく思いました。

似たようなエピソードがあります。

トビタテでは、毎年、「留学成果報告会」（現留学体験発表会）という大規模な催しを実施しています。ただ、年によっては参加希望者が少ないこともあるのです。

そこで、ある年の事後研修で、講師が、

「では最後に、グループの中で、留学の成果が一番あったと思う人を一人決めてください。その子はみなから推薦を受けたのだから、留学成果報告会に出るようにしましょう」

と話し、「せーの」で指をさして決めさせようとしたことがあります。

すると、そのやり方に対して、議論がわき上がり、

「一番を決めるというけれど、留学に順位や良し悪しなんてあるんですか？」と主張した学生が出てきました。その声を講師がきちんと拾い、「みなはどう思う？」と議論を広げたことで、それまでの研修で最も白熱した場となりました。

そのとき、私が講師だったら、どう答えていただろうか考えてみます。

「確かに、良し悪しという評価や順位をつけられるものではない。ただ、そんな杓子定規に考えなくても、その場にいるメンバーによって評価は変わるもの。曖昧かもしれないけれど、情熱・好奇心・独自性というトビタテらしさという基準で、選んでみてもいいのでは」

あるいは、

「留学の成果で人間的な価値は決まらない。その経験が将来のどのタイミングで活きるかは、人それぞれ。例えば基礎研究をしている人は、自分の生きている間に世に出ないけど、地球を救うことを地道に研究していたりするんだ」

そんなことを話すと思います。あと、こうも付け加えるでしょう。

「ただ一方で、大人になって考えて欲しいんだけど、支援企業の手前、そういう代表者を表に出したいというのもあるんだ。それは、君らが後輩にバトンをつなぐ術でもある。良い発表が評判になれば、寄附が増えて、君たちの後輩が留学に行けるチャンスが増えるのだから」

そのような本音を言ってしまうかもしれません。それが、みなの心に届くと信じて。

留学体験を新たな志に落とし込む事後研修

留学を終えたトビタテ生は、事後研修に参加する必要があります。行きっぱなしでは効果は半減。せっかくの体験を体験のまま終わらせるのではなく、それを振り返り、してきたことの意味を深く考え、言語化するなかで、自分の中に落とし込む。その作業をしないと、「楽しかった。また行きたいな」で終わってしまいます。

そうではなく、経験をもとに、いろいろな人に影響を与えるリーダーとして意識転換をしてもらうことで、留学の価値を最大化するわけです。私はよく、

「視野を広げ、視座を高めてほしい」

と言っています。留学中は視野を広げるのに適しています。崇高なことを考えなくてもいいから、とにかく、いろいろな物を見て吸収すればいい。

しかし、帰ってきたら、「では、自分は何ができるんだ」と考え、体験したことを、今度は視座高く、志に変えてほしいのです。

そのためにまずは、徹底的に自身の留学を振り返り、留学で得たことや価値の棚卸しをします。そして、それを出来るだけ多くの仲間にシェアをすることで、間接体験による学習効果の向上も狙っています。自分の留学は、自分でしか体験できませんが、10人から留学の話を聞けば、10人分の間接体験を得られるわけです。

事後研修には、1カ月の短期留学組もいれば、2年間の長期留学者もいます。初めて留学を経験した人もいれば、数回目の熟練者もいます。目的もコースも留学先も違う人が混在しているなかで、違う種類の留学体験の多くの人の気づきをシェアしあう。それによって、自分の体験の価値を再認識することができるはずです。なかには、

「自分はだめな人間だ。これだけの支援を受けたのに留学で何も達成できなかった」

と、自信を喪失して帰ってくる学生もいます。

でも、そういう子も、当たり前ですが貴重な経験をしているのです。大したことない経験だと思っていたことが、他の人から見れば、実は深い意味をもっていたりするもの。

反対に、自信満々で帰ってきた学生が、

「お前は満足しているようだが、何も成し遂げてないよ」

とガツンと言われることも。

事後研修は、自分を客観視するいい機会。葛藤や違和感をシェアし、それについて消化したり

解決策を見い出したり。そんなコミュニティをトビタテでは目指しています。

就活の罠に陥るな！

留学の中味こそ違っていても、帰国したとき似たような違和感や葛藤、問題意識を感じるものです。よくあるのが、

「日本の学生はおかしい。勉強しない」

「日本のテレビ番組はくだらない」

「就活っておかしくないか。急にみんな同じスーツを着て」

というもの。しかし、それを大学の友人に言っても伝わらないもどかしさ。それどころか、

「外国に行って、かぶれたな」

と、バカにすらされてしまいます。そのうちに日常に埋没してしまいそうな怖さも起きます。

残念な話ですが、トビタテの面接や研修のときは、自分をさらけだして生き生きとしていたのに、就職活動が始まると、周りの考え方や空気に合わせて、過度に本来の自分ではない自分をつくり、

結果的に志望した企業に落ちてしまう学生が少なくありません。せっかく多様な価値観、生き方、職業観、幸せの形など個性を重んじる空気を海外で吸ってきたのに、もったいないとしか言い様がありません。

何となく周りと同一化してしまう就活の罠に陥っているのです。事後研修は、そうした罠に陥る前に、「君たち、それでいいのか」とはっぱをかける場にもなっています。

「成績も英語力も見ない。君たち自身の軸やありかた、人物を見ている大胆な選考を、文部科学省や大企業が支援しているんだぞ。これが現実。本当に世間が求めていることなんだぞ」と懸命に伝えています。

その一方、人の価値観は、情動体験（一時的かつ急激な感情の動き）によって、ぐっと動かされてしまうことがあります。留学という体験は、非常に大きな情動体験です。したがって、帰国直後は、過度に影響を受けて、思い込みをもってしまうとか、冷静な解釈や判断が難しくなることがあります。わかりやすい例では、帰国後、「日本大好き・海外嫌い」「日本大嫌い・海外大好き」「自分に過度に自信を持つ」「反対に過度に自信をなくす」など極端に分かれてしまうのです。

そこで、事後研修では、思考を一度フラットに戻す作業も行います。批判的思考（クリティカルシンキング）を用いて、自分の情動体験で得た強烈な感情や思い込みは本当に正しいのかと徹底的に自問させるほか、「インサイト・マップ」というツールを使い、「物事にはすべて表裏があり、一つの現象でも、見方によって、違って見えてくる」というような思考法を教えています。

報告会でLGBTを告白した女子大生

留学の間接体験という点では、2015年から毎年、開催している「留学成果報告会」（現 留学体験発表会）は最大の機会です。当日は、各地の審査で選ばれたトビタテ生の代表による堂々としたプレゼンテーションが、文部科学大臣や支援企業の経営者なども含む、数百人の聴衆の前で行われます。私は、いつも、

「君たちの言葉はパワフルだ。本で読んだことではない、人から聞いたことではない、自分だけの独自の体験は、思っている以上に人に伝わるから」

と伝え、学生を壇上に送り出しています。

これまで私は、公私ともに、いろいろなプレゼンテーションを聞きすぎているため、感動的なエピソードに麻痺している面もあるでしょうが、それでも毎年、報告会で話を聞くたび、一人ひ

とりの学生の思いに触れ、心踊らされます。

第4回の留学成果報告会では、名古屋大学の渡邉智基さんが「留学では成果を出せなかった。失敗だった」と、壇上でスピーチしました。しかし、続けて、

「でも、無駄ではないし、決して無駄にはしない」

と強い決意を述べていました。

第3回の留学成果報告会で、印象的だったのは二人の女子学生です。8人が順番に発表していくのですが、最初が高校生の鎌田あみさんで、最後が大学生の北原春華さん。くしくも共にLGBTについての話題でした。

中村学園女子高校2年の鎌田さんは、「高校生コース」の2期生として、カナダのビクトリアに2カ月間滞在しました。まず、ホームステイ先に「ママ」が二人いたことに驚いたそう。つまりレズビアンのパートナー同士です。そこではじめてLGBTについて知ったと言います。その家庭には、人種の異なる子どもが3人いたほか、中国からの留学生もいました。また、通学していた公立高校には、海外からの留学生が半数以上いて、その全てが現地の人々にとっての当たり前になっているそうです。

「日本では、LGBTを含むマイノリティに対して『多様性』を認めようとする動きがあるが、

多様性とは本来、他者に認められることで生まれるのではないと思う。人は生きている限り、多様である。日本を飛び立ち、一人ひとりが放つ個性や才能に敏感になった」

そうスピーチで話し、自分を押し殺し、個性を認めない日本社会に疑問を呈していました。

一方、北原さんは、「地域人材育成コース」の1期生として台湾に留学。故郷である宮崎県の魅力を伝えるべく、イベント開催や郷土料理のふるまい等の活動を行ってきました。留学を通して、何にでもチャレンジする力や、自分の意見をもち、声をあげる大切さを学んだと言います。

スピーチでは、「実は私は」とカミングアウトもしていました。台湾で、頻繁に行われているLGBTのパレードや、非当事者もLGBTの支援を積極的に行っている様子を目の当たりにし、日本がいかに遅れているかを訴えたかったのです。

「留学によって、宮崎という自分のバックグラウンドを改めて見つめ直すことができました。今、自分が本当にしたいことは、宮崎をLGBTの人も暮らしやすい街にすることです」とも語っていました。

2017年当時、日本ではまだ遅れていたLGBTへの問題提起が、林芳正文部科学大臣（当時）や文部科学省の次官以下幹部多数の前で、トビタテ生を通じてできたことは象徴的な出来事だったと思います。

留学の魅力を伝えるエヴァンジェリストたち

前述したように、トビタテ生には、帰国後、海外体験の魅力を伝えるエヴァンジェリスト（伝道師）となり、日本全体の留学機運を高めることに貢献することをミッションとしています。自分だけの体験を言語化し、生の声で他者に伝えることで、自己成長の場となり、また留学を悩んでいる人への後押しや海外への興味をもつ仲間を増やしていくことにもつながります。

自分が通う大学や高校と連携して留学体験の場を自ら実施することや、事務局が制作したチラシやポスターの掲示や配布から、メディア（学校メディア、地方メディア、マスメディア、SNS）への発信、イベントの開催など、できることはたくさん。

実際に行動に移すかどうかは本人にゆだねていますが、先に紹介した吉開祐貴さんのように、母校や地域の高校30校をキャラバンしながら、留学のよさを伝えた例もあります。

国立沖縄工業高等専門学校の平良美奈子さんも、帰国後、留学啓蒙活動に尽力してくれた学生の一人です。

彼女は、母校の海外交流先が少ないことと、多くの学生が英語に苦手意識をもっていることから、日本人サポートがある学生交流先の開拓を行うため、シンガポールに留学しました。その結果、大学、研究機関や企業など、15カ所の受け入れ先をつくることに成功しました。

帰国後、一度は就職先が決まったのですが、

「東アジアの中心でもある沖縄のグローバル化に貢献したい」

という思いが強く、就職する前日に内定先を断り、起業。沖縄の学生が海外に行くきっかけを作ろうと、琉球と留学を掛けた「Ryu×Ryu」フェスタ実行委員会を立ち上げ、毎年、海外留学を啓蒙するイベントを開催しています。

私も2回ほど見に行きましたが、1千人を集客するような大規模な催しで、多くの学生が彼女の後に続いていきそうな感触を得て、とても誇らしく思いました。

彼女は、こんなことを話していました。

「シンガポールでは、アジアのハブ機能を有するための様々な施策を目の当たりにし、頭を殴られたような衝撃を受けました。見るもの、感じるもの、聞くこと、話すこと。テレビでは絶対に届かない感覚を、留学経験でたくさん得ることができました。この経験をもっと広く、沖縄の将来を担う学生に得てほしい。そうでないと沖縄は本当の意味で豊かになり得ない。そんな危機感

をもって、沖縄に帰ってきました。Ｒｙｕ×Ｒｙｕフェスタは、そんな思いで開催してきました。私の地元の沖縄がアジアのハブになるために、留学の価値を広げていく活動をして行きたいと思います」

留学の成果を誰かのために使う

英語に「ペイ・イット・フォーワード」という表現があります。日本語にすると「恩送り」というのでしょうか。人から恩を受けたとして、もらいっぱなしではいけません。恩返しが必要です。ただ、必ずしもその当人に恩返しをする必要はないのです。

例えば、年配の人が若い人に何等かの支援をしたとして、それは見返りを求めているわけではありません。礼を尽くすのは当然として、その恩を当人に返す必要はない。その代わりに、いつか自分が人を助けられる立場になったとき、同じようなことを、別の困っている若者にしてあげればいいのです。先輩から奢られたなら、今度は後輩に奢る。海外で外国人に親切にされたのなら、日本で外国人に親切すればいい。

トビタテ生は、支援企業からの奨学金で、普通ではできない貴重な体験をするわけです。ですから、いつか独り立ちし、余裕ができるようになったら、今度はそれを誰かのために使ってほしい。そういう格好いい文化を日本でもつくってくれたらいいな、と願っています。

私が、トビタテ生が帰国した後、事業の相談に乗るなど協力を惜しまないのは、いくつかの理由があります。人をつなぐことが好きだとか、頑張っている人を応援したいだとか、アイデアを一緒に考えることが好きだとか、単なる世話好きだとか、いろいろなのですが、究極的に言うと、そこで感じた恩を、次につづく若者たちに返してもらえると信じているからです。トビタテ生には、「バトンを渡そう！」という言葉を使っています。このスピリットがトビタテ発信で日本に広く根付くといいなと思っています。

トビタテは社会課題解決プロジェクト

大手企業への研修や学校現場での教育を主要事業としていた私の起業家時代は、主な対象が社会人か小・中学生でした。大人か子どものどちらか、高校生・大学生では中途半端だという印象がありました。

しかし、トビタテで出会った高校生、大学生は、みな目がイキイキとしていました。モチベーションが高く、一様にウィル（意志）があることがわかり、私の見方を変えてくれました。何よりも、理系学生を中心に独自の専門分野をキラキラと楽しそうに話す彼らの雰囲気と、多様さは、私の好奇心をくすぐり、感動に近い驚きをもたらし、世界観を大きく広げてくれました。

トビタテの研修で私は導く立場でもあるのだけれど、一緒にプロジェクトを盛り上げていく後輩で同志のよう。彼らからは「トビタテの父」と呼ばれることもありますが、私は「仲間」のような感覚。若い世代とその感覚を共有できたことが、うれしくてたまりませんでした。

トビタテ生を見て思うことは、

「日本には、こんなにも熱く、やりたいことが明確な若者がいたんだ」

「素直で、自身の葛藤に向き合い、何とか立ち上がろうとする若者が多いんだ」

「こんなに真剣に社会課題に向き合い、アクションを起こしている若者がいるんだ」

「実は様々な分野で、才能ある若者が溢れ、多様性にとんだ社会であった」

という驚きです。情熱や好奇心や独自性、そして若さと志を武器に、夢を抱いて外に飛び出していく若者が多いことに安堵しています。

トビタテは官民協働による留学促進事業ですが、私の中では、さらに一歩進めて、留学を通じ

た人材育成やコミュニティづくりを念頭に置いてきました。そのうえで支援企業からは、

「これは社会課題解決プロジェクトだね。ＳＤＧｓだね」

と指摘されることもあります。トビタテ生の多くが、自分の成長だけではなく、複雑な社会課題や地球的な諸問題を解決しようと、問題意識を抱えて世界に飛び出しているからです。これは、私の想定を超えていました。

しかし、繰り返しますが、就活の時期になると、まだまだ既存の価値観に侵されているとも感じます。せっかく、多様な人生の形、幸せの形を見てきたはずなのに、再び、画一的な空気に飲み込まれてしまうのです。一人では、あらがうことは難しいかもしれません。けれど、仲間がいることを忘れないでほしい。

海外で多様な価値観、生き方に触れたこと、これをもとに日本での日常でも流されず、常に本質を見据え、自分自身の声（違和感や本音）に耳を傾け続けること。さらには、まだ日本では当たり前でないけれど、必要とされる概念、知恵、情報、物の見方を日本に広める責任があるとさえ思っています。支援企業のほか、多くの人々の協力によって得た貴重な体験を、一刻もはやく世の中に還元してほしいと思います。

人間の器を大きくする高校生の留学

2015年に「高校生コース」を立ち上げました。高校生の応募者は大変多く、評判も良好です。

大学生等コースは1．理系、複合・融合系人材　2．新興国　3．世界トップレベル大学等　4．多様性人材　5．地域人材に分かれ、これからの時代に必要な社会、企業のニーズを反映しているのに対して、高校生コースは、1．アカデミック　2．プロフェッショナル　3．スポーツ・芸術　4．国際ボランティアなど一般的な割り振りになっています。大きな違いは留学期間です。

大学生の各コースは、原則3カ月から2年（現在は1年）。高校生コースは2週間から1年です。高校生は部活や学校による単位認定の問題があり、夏休み期間を利用した1カ月未満でないと参加できない子もいるという事情があります。また、海外未経験者が多く、いきなりに長期間の留学は難しいので、ハードルを下げています。

大学生等コースでは英語を学ぶことだけを目的にした留学は対象外にしています（たとえば、3カ月程度を語学学校で学び、残り9カ月間はインターンシップなどの組み合わせは可能）。理由は英語を学ぶだけであれば日本でも可能だからです。一方、高校生については純粋に英語を学ぶだけの留学も認めています。

「自分で留学計画をつくる」「実践活動を盛り込む」という基本理念は大学生と同じです。ただし、高校生コースの場合は、自分で留学の受け入れ先を見つけるのは簡単ではないので、留学エージェントがつくったプランに自分の目的を加えるコースがほとんどです。

また、事前研修は、大学生等コースは1泊2日ですが、高校生コースは半日。高校生は宿泊や遠出が難しいからです。

高校生の留学にはハードルがあり、一般的にも留学者数は大学生に比べて少ないのが実情です。アンケートでは高校生の4割が留学したいと回答していますが、実際に留学するのは1％台。そのうち9割が3カ月未満の短期留学です。留学を断念する理由は、「部活動を休めない」「留年したくない」「語学力に自信がない」などが挙げられます。経済的な側面も課題です。奨学金の種類は、大学生対象が174件もあるのに、高校生は14件しかありません。つまり、留学したいのにできない生徒が多いのです。

これはとても残念なことです。高校時代に留学するメリットはとても大きいからです。目的意識や問題意識が芽生えるので、その後の日常生活や進路選択にも真剣に向き合えることができます。留学体験が入試で評価される時代にもなっています。

以前、私が品川女子学院の漆紫穂子校長(現理事長)と対談した際に聞いた高校時代に留学するメリットは次の通りです。

(1) 英語力が格段に伸びる

英語には「読む、書く、聞く、話す」と4つの技能があります。3カ月程度では「聞く・話す」以外はさほど伸びませんが、今の高校生は現地で仲良くなった友だちと帰国後にSNSでやりとりすることでも「読む、書く」力が大きく伸びます。

留学ではほとんどの高校生が、思うように英語が話せず悔しい思いをします。その悔しさがバネとなり、「次に海外に行ったら、こんなふうに話したい!」と、話したい内容が想起されることで、英語力が格段に伸びます。

(2) 将来の目標と問題意識が定まる

開発途上国で貧困を見る、先進国で投票率の高さを知る、フィンランドやスウェーデンで教育に触れる……。こうした日本ではできない経験を経て大学で何を学びたいか、将来何になりたいか、どのように生きたいかと自分軸が明確になり受験に向かう姿勢も大きく変化します。

(3) 搭載するOSやエンジンが大きくなる

コンピューターにたとえると、OSがバージョンアップします。海外で初めての土地で、日常生活、友だち作り、学業の変化など一気に訪れることにひとりですべてをこなし、耐え、対処し、問題解決する生活を経て、集中力、段取り力、タフさ、問題解決力を身に付ける。その結果、留学から帰国後の学業のビハインドを一気に打ち消します。

留学は高校生にとって、人間の器が大きくなり成長する機会なのです。

留学の前と後で鮮明に変わった高校生の体験談を紹介しましょう。

山村亮太さんは中学1年生から陸上部で短距離走をはじめ、将来は陸上選手として活躍することを志していました。しかし、耳に障がいがあるためスタートでのリアクションが健常者に遅れ、悔しい思いをしていました。千葉県の市川高校1年生のときにトビタテに応募。スタートの遅れを補うためにオリンピックや世界陸上を経験したトップコーチに精神の整え方を教わるためでした。

ところが、留学先のアメリカで山村さんは陸上のトレーニングとはまったく違うことを学ぶことになります。現地で出会った同じ世代の留学生と障がいについて語り合うなか、山村さんは

「僕たちは誰かが障がい者だからと言って差別はしない。健常者と同じように普通に接するのが当たり前」と教えられ、日本との差を考えさせられたそうです。

ルームメイトだった同じ年のインド人からも大きな影響を受けます。毎晩、決まった時間に泣いている姿を目にして問いかけると、「子どもの頃に弟が人さらいにあって、ずっと会えていない。夜になると弟のことを思い出して泣いてしまうんだ」と教えられました。山村さんは「自分の知らない世界ではそんな悲しいことが起きているのか」とショックを受けました。さらにインドでは貧しい子どもたちが粗末な孤児院に集められていると聞いて、「貧しい子供たちのために何かできないか」と考えるようになります。

陸上のトレーニングでは、留学中に100メートル11.2秒を記録する成果を上げましたが、たまたま一緒に練習したオリンピックのオーストラリア代表の陸上選手の圧倒的な実力に「現実」を知り、陸上の道をあきらめます。そして、将来の目標は「世界の貧しい子どもたちが教育を受け、人間として当たり前の人生をおくれるようにする」ことに変わりました。現在は起業家になるために自分が納得できる大学を目指して受験勉強に集中しています。

熱い仲間たちが背中を押したトビタテ「再挑戦」

名古屋市内の高校生だった舟橋裕斗さんは、トビタテで得た仲間とのつながりで未来が変わりました。子供の頃から世界が大好きで、トビタテ3期生に応募。留学計画書にはフィリピンのスタディーツアーに参加したいと書きました。地元にある国際ボランティア団体の代表を務めていた舟橋さんは「必ず受かる」と自信満々でしたが、結果は不合格でした。自信満々だった分、ショックも大きかったはず。それでも舟橋さんは「もう一度挑戦しよう」と奮起します。そのきっかけを作ったのが名古屋の面接会場で出会った仲間の存在でした。

3期生として海外に飛び立った彼らの帰国後の話を聞くたびに感銘を受け、「この素晴らしい体験を多くの人に知って欲しい」と、不合格だった舟橋さんが仲間のトビタテ生に集まってもらい合同留学報告会を開催しました。トビタテの熱い仲間たちと、ともに時間を過ごし背中を押されたことで、舟橋さんは再挑戦を決意。4期生の応募ではネパールの旅行会社にインターンをする留学計画を立て、見事に合格しました。

ネパールでは農村部の観光地としての可能性を調査し、帰国後は留学で得た経験をいかし、「ネパールの農村に観光業を取り込み、雇用を創出する」という目標を掲げ、ネパールの農村を訪れるツアーを企画・実行しました。

舟橋さんは現在、観光学とソーシャルビジネスを学ぶため立命館アジア太平洋大学に進学。今も再挑戦のきっかけをくれた仲間たちとお互いを高め合う関係が続いているそうです。

氏名：トビタテ トモコ　　　　記入日：2019 年　2 月 20 日

考えたこと・学んだこと	モチベーション曲線
教育は、受講者が主体的に取り組むものであること。教育実習を通して、子供の成長について考える。	低　中　高
自分自身に大事なものとは。（留学先でも言葉に関係なく、大事な友人ができた）自分が人との出会いに恵まれていることを実感する。	
自分が大切にしているのは、人との出会いである。いかに新しい出会いをつくるか?が大事。	
自分が思っていた大学生活との違いに愕然とする。理想と現実は違う。	
自分が今までに出会ったことのないような教師になりたい、と思っていたことに気づく。	
自分の 6 年間を振り返る。努力が実らなかったことへの挫折感。	
自分がいま考えるべきは、恋愛ではなく、部活と勉強のこと。	
何が何でも、部活での好成績と、勉強での好成績を両立させたい。自分自身の忍耐力が大切。	
部活で「市大会」に出場するためには?勉強にいかに力を入れるか?「完璧さ」を追求することへのこだわり。注目されることの快感。	
学校への反発心。（ルールに対して、教師・先輩という存在に対して）いい成績をとっていれば、誰にも文句は言われない。	
「すごい」と言われることへの快感。トップを取ることで味わう達成感。どうやって勉強と部活の両立をするか?	
残り少ない小学校生活をいかにすごすか?	
「いじめ」に対する問題意識を感じる。人にメッセージを伝えることの大切さを考える。	
学校が楽しくなる。好きなことや得意なことが増えると、楽しいことも増えてくる。	

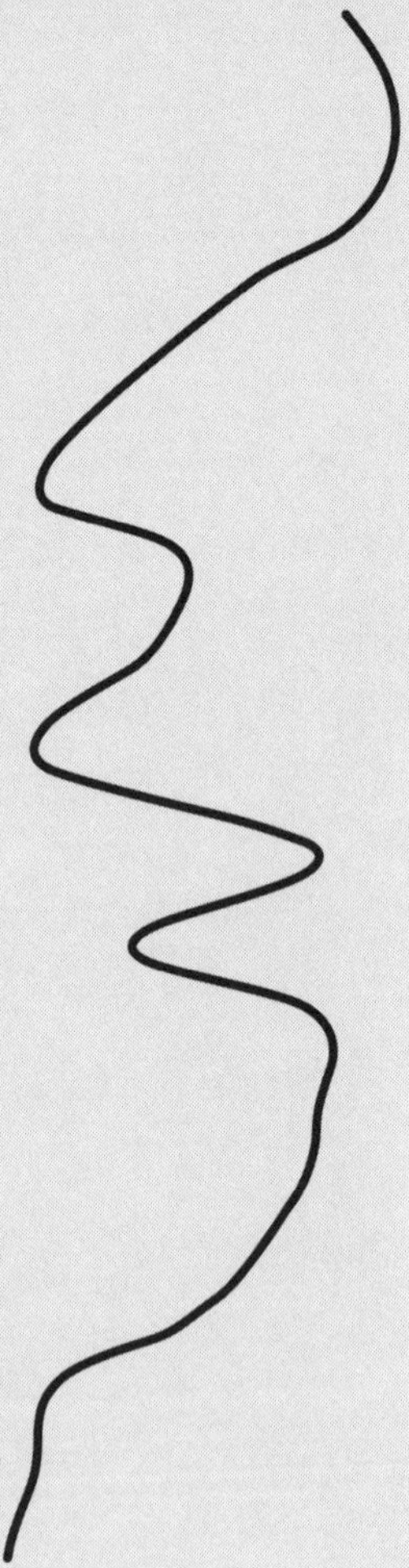

自分の歴史を振り返るシート

年	年齢	所属	経験したこと・起こったこと
2018	22	大学4年	教育学のゼミに熱中する。生涯学習をテーマに、1年間アメリカへ留学予定。トビタテ!日本代表に選出!
2017	21	大学3年	カナダへの短期留学。自分自身の考えをしっかりと持ち、信念を貫いている人々との多くの出会い。
2016	20	大学2年	パン屋でのアルバイトをやめ、居酒屋でのアルバイトを始める。多くの知り合いを作る。夜遊び。
2015	19	大学1年	母親に反対されながら、J大学に入学。花の大学生活に夢が広がる。
2014	18	浪人	浪人時代スタート。自分の勉強法を模索。自分が何をやりたいのかを考える。受験成功!予備校の先生驚く。
2013	17	高校3年	指定校推薦のために勉強をしたが失敗、浪人を決意。部活引退。卒業生代表の挨拶を断る。
2012	16	高校2年	部活では、県ベスト16に。小学校の頃に好きだった男の子と付き合い始める。次の年の年賀状で別れを告げる。
2011	15	高校1年	無理がたたり、腎臓を悪くする。40度の高熱が続く。中間テストには意地でも出席。先生に「勉強やめろ」と言われる。
2010	14	中学3年	成績学年トップはゆるぎないものになる。中学卒業式の学年代表に。
2009	13	中学2年	スカートを短くしたり、パーマをかけたり。バスケ部の先輩からの圧力、いじめ。
2008	12	中学1年	私立の女子校に入学。バスケ部入部。
2007	11	小学6年	中学受験の(まさかの)成功。
2006	10	小学5年	最も影響を受けた先生が担任になる。中学受験のための勉強を始める。
2005	9	小学4年	大好きな先生が担任になる。運動会でリレーの選手に。(苦手な体育の克服!)

第5章 これから海外へ飛び立つ君たちへ

「大人を信用するな」

私が若い人に向けた講演や研修の場で、必ず発信するメッセージが「大人を信用するな」です。「信用するな」という言葉は、敢えて誇張していますが、真意は「素直に聞く姿勢は大事だが、鵜呑みにするな。自分で考えろ」ということです。

変化の激しい時代、もはや将来を予測することはできません。ダボス会議で世界中の英知、情報をもった方々でさえ、トランプ政権の発足や英国のＥＵ離脱について「起こるわけがない」と口をそろえました。そして、見事に外しました。

なのに、一部の「大人」は、過去の体験で未来のことを語りたがり、限られた常識や古い価値観に縛られ、それが当たり前かのように人に押し付けてきます。

大人とは具体的には親・先生・マスコミを指しています。最も子どもたちが影響を受けるからです。特に厄介なのは、親と先生です。子どもの幸せを願わない親はいませんから、良かれと思って、そして最大限の愛情をもって一生懸命、誠心誠意助言をしてきます。しかし、この先の20

年で過去200年くらいの変化が起きると言われるこれからの時代に、過去の経験から未来をアドバイスすることは危険です。

マスコミも厄介です。日本においてはテレビや新聞などのメディアで海外の情報をとりあげる比率は限りなく低く、全体の1割未満ではないでしょうか。こうした情報をベースに、物事の判断をするのは危険です。日本は「情報鎖国」なのだという前提の下、自ら情報を収集し、世界の状況をアップデートしていくこと。定期的に海外に行き、自ら見聞きし、肌で感じることが求められると思います。だからこそ、留学を勧めているのです。

これからの人生はほぼ決断です。変化する社会では、答えは自分自身でつくる必要があります。自分の目で見て、自分の耳で聞いて、自分の頭で考え、誰が何と言おうと、最後は自分で決めなくてはいけません。

一般社団法人リディラバ代表理事の安部敏樹さんは、留学の事後研修に登壇する際に毎回「人生の期待値のレバーを他人に渡すな」と学生に語り掛けています。心の底から自分のことを正しく評価してくれるのは自分だけだと彼は言います。親でも先生でもありません。

私が言いたいことは単純です。要するに、現状に麻痺せず、周りに染まるな、流されるなということ。自分で決めたことでないと、どこかで行き詰まってしまいます。

越境体験で自分を成長させよう

自分に学びと成長を与えるための最適な手段であり、また環境に染まらないための近道は、「越境」を体験することです。枠から離れることで自分を客観的に見つめ直すことができます。また、それまでには得られなかった刺激を受けることが可能になります。

居心地のいい場所（コンフォートゾーン）から離れ、アウェイに身を置くと、自分がどれだけ井の中の蛙であったかがわかります。問題意識が芽生え、その後の生き方に影響を与えてくれるはずです。

一番わかりやすい越境体験は海外を体験することですが、それだけが越境ではありません。違う体験、違う場所、違う人、違う専門性、違う価値観に触れることもそう。例えば、ボランティアや地域貢献など、普段したことのないことにトライしたり、異なるコミュニティの人と関わりをもったりするのも、越境体験の一つです。そうすることで、

• 未知の体験により刺激され、興味が広がる。新たな能力や得意が開発される。

・トライしたことが自信につながり、新しいことへの抵抗が少なくなる。
・適度なストレスを受け、その耐性を養う。
・様々な人と出会うことで、他者とのかかわり方を知る。
・実際にやってみることで、自分の好き嫌いがはっきりする。
・自分の何気ない得意分野がいかに特異で価値があるかを知る

などの、効果があるはずです。

私自身、ダボス会議への参加やYGLメンバーとの交流、トビタテの立ち上げなど、常に現状に満足せず外に飛び出すようにしてきたのは、あえて刺激を受けるため。外に出て、知らない世界を見ること以上に、自分を客観視し、成長を促すいい機会はありません。

熊本大学医学部の藤崎智礼さんは、アメリカで医師として活躍するため、イギリスのリーズ大学で基礎医学や心理学、語学を学びました。

臨床研修の場では、現地の模擬患者から

「あなたはアジア人だから、私を診てほしくない」

と露骨に差別発言をされたそうです。それに対して、彼は堂々とした態度で、こう答えたと言います。

「私はアジア人ですが、医師免許をもち、実力は折り紙付き。今日は診させていただき、それでもまだ嫌なら、他の医師を紹介するので良いですか」

その言葉に、相手はうなずいたそうです。藤崎さんはその体験を通じて、

「自分は、理不尽な出来事も乗り越えられると自信がつきました。この留学がなければ、今の私や将来の私もありません」

と、留学成果報告会で述べていました。

秋田大学大学院理工学研究科の柳谷昂希さんは、東のシリコンバレーと呼ばれるインドのプネ市で、人工知能のベンチャー企業にエンジニアとしてインターン留学しました。インドでの生活は波乱万丈で、滞在中、突然、高額紙幣が廃止になり、クレジットカードも使えず無一文での極貧生活が続いたそうです。

3カ月で5回の強制引っ越しや、シャワーの爆発、窓ガラスの破損による出血性ショックで死の一歩手前だったと言われたほどの逆境をバネに、精神的にたくましくなり、それが留学生活を有意義にするためのウェブアプリの開発につながったと話していました。

日本大学商学部の桐本滉平さんは、輪島塗ブランドの7代目の息子。東日本大震災を機に家業

を継ぐことを決意し、海外の販路開拓やマーケティングを学ぼうと、パリの日系企業のギャラリーにインターン生として1年間留学しました。

当初、日本の商品を現地の日本人と販売していましたが、スタッフがいなくなったことで急遽、マネジメントを任されることになりました。そこで「メイド・イン・ジャパン」にこだわらず、フランス人が日本人と一緒にモノづくりをする「メイド・ウィズ・ジャパン」という発想に切り替えたと言います。

入念なヒアリングをもとに現地デザイナー兼職人とともに木と漆の眼鏡フレームの開発に取り組んだ結果、ギャラリーの月間最高売上を達成。日本の老舗百貨店でも売り場をもつことができたそうです。

「この経験によって、夢を見失わないことの大切さに気付き、悩む暇があれば突き進もうという自信を得ることができました」

と話していました。

津田塾大学の立原南美さんは、あるストリートチルドレンとの出会いから、

「途上国のマイノリティが、貧困から経済的に自立できる機会を創出したい」

と想い、途上国支援を目的に、イギリスのサセックス大学で開発学を学びました。しかし、そ

の後、ウガンダとミャンマーに行き、社会起業家や政府機関を訪問したり、ミャンマーの日系ITベンチャーでインターンを経験したりする中で、

「私は途上国開発をやるべきではない。これは、本当に気合いが入っている人がやるべきことで、私はまだそこに達していない。ビジネスを通じた世界規模の課題解決を包括的に促進することが、自分なりの途上国支援への関わり方だ」

と感じたそうです。留学成果報告会では
「留学前は、貧困は経済的な問題がボトルネックであると思っていましたが、様々な問題が複雑に絡み合い成り立っていて、その複雑さ故に先進国の生産消費活動も変革されない限り今後の世界の課題は解決されないと学んだ」

とも語っていました。


人を取り巻く環境は、自分にとって居心地のいい「コンフォートゾーン」、その外側に、多少の背伸びが必要な「ストレッチゾーン」、そして、さらに外側に、混乱さえ生じる「パニックゾーン」があると思います。

コンフォートゾーンにとどまり続ける限り成長は見込めません。そこから一歩、枠の外に踏み出し、苦労や葛藤を経験することで成長は促されます。

「コンフォートゾーン」と「ストレッチゾーン」

「留学」は、最大の成長機会の一つ

これまで生きてきた「枠」(Comfortable Zone)の外(Stretch Zone)へ一人で踏み出し、海外というアウェーな環境で苦労や葛藤を乗り越える経験をすることで、大きく成長できる

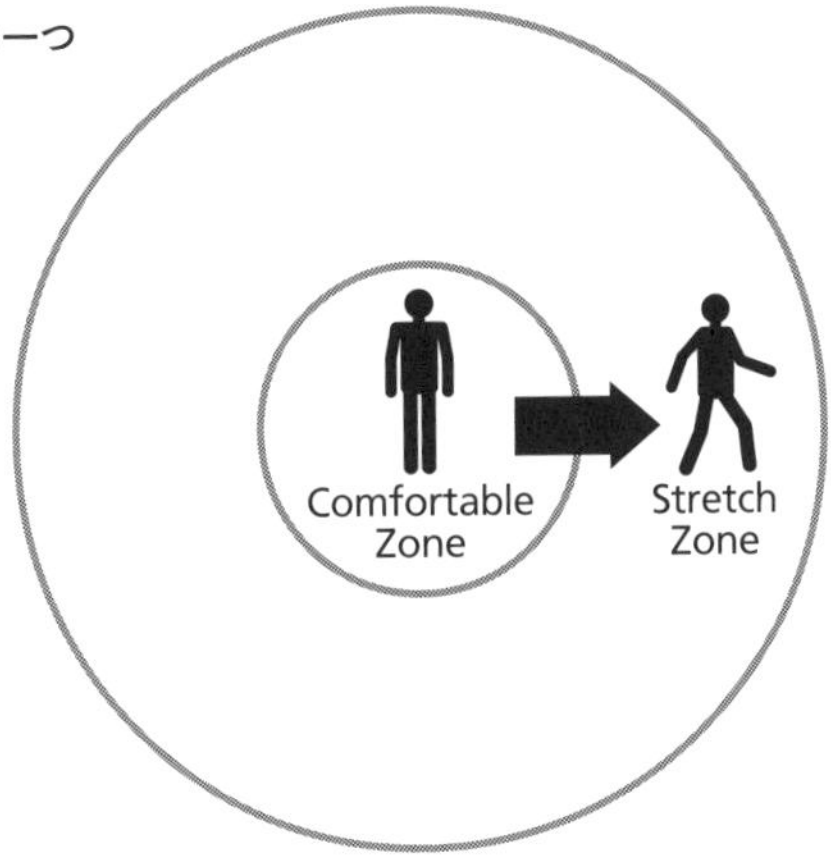

ただし、外に出すぎるとパニックに陥ってしまい、逆効果になることも。その点、留学は、成長にちょうどいいストレッチゾーンに足を踏み出すことだと思います。

それぞれのゾーンの大きさは個人や成長段階によって異なりますが、経験によっても変化します。ストレッチゾーンに何回も足を踏み出せば、もうそこは、背伸びをしないと歩けないような空間ではありません。その分、パニックゾーンも外側に追いやられるでしょう。

筋トレやマラソンをやり始めると、最初のうちは辛いけれど、ある程度、回を重ねると、苦しくなくなるのと同じこと。つらいことでも、すぐ慣れる。反対に、

いつまでもコンフォートゾーンにいては、成長が止まってしまいます。

心の中にある「違和感」を大切に

リクルートキャリア初代代表取締役社長の水谷智之さんは、研修での講演で、

「違和感を大切に。会社に入っても絶対に違和感は生まれるが、それを消すのではなく、温室で温めておいて」

と語っていました。思うに違和感とは、その人にとっての一つの真実であり、本質です。あるいは、その人が人生を歩む上で大事にしている何かの部品であり、ヒントでもあると思います。それはとても大切なもの。そこを解決しない限り、幸せな人生にはならないと思うのです。

その違和感は、あなただけではなく、実は多くの人がもっているかもしれません。「何かおかしい」「どこか違う」と誰もが感じながら、「そんなもんだ」「気のせいだ」と気に留めようとしない。そのとき、誰かが声をあげ、問題として取り上げることで、多くの人を救うこともあるはずです。世の中に「便利」が生まれるのはそういうとき。イノベーションや新規事業も、往々にし

てそうした違和感が出発点になり、それを取り除く過程で生まれるのだと思います。

海外から戻ってきたときに芽生える違和感はたくさんありますが、それは実は大したことではありません。むしろ、日本にいながら、ずっともやもやしていて「何かおかしい」と思っているような違和感は、もっと根深く、本人が心から大切にしているものの可能性があります。ですから、

「何か違うけど、親が言うんだから正しいんだよな」とか

「何となく世間がそうだから、このままでいいんだろうな」

という違和感に蓋をしてはいけません。

「なぜ自分はそのことに違和感をもっているのか」

と、「なぜ」を自分の中で繰り返す。そうすることで、自分が心から大切にしているものに出合うことができ、その違和感にどう折り合いをつけるかが見えてくるはずです。

人間は環境に流されやすい生き物ですが、自分の中で違和感を見つけることは、流れにあらがうカギだと思います。

留学計画には「3割の余白」をつくろう

「留学期間中は、留学目的達成のための活動（学修活動・実践活動など）は70％で十分。残りの30％は、自分の視野を広げる活動や留学することで得られる縁やつながりに基づくような活動に当ててほしい。日本ではできないこと、やらないこと、やりたくないこと、やったことないこと、自分の世界を広げる内容などです」

トビタテ生には、そう伝えています。

なぜなら、人生もそうですが自分が想定していることとは別のところに、案外、自分にとって本当に大切なものや好きなこと、興味、得意が隠れているかもしれないから。そして、新たな自分を知る機会となるから。

ヘッドライト理論という言葉があります。車のヘッドライトが示している範囲は一部だけど、それは自分をとりまく周囲の一部分しか照らしていません。今、見えているものがすべてとは限らないのです。だから、経験の幅を広げ、新しい自分を見つけてほしいと思います。

ですから研修を通じて明らかにしようとした「自分の軸」も、絶対的なものではありません。いろいろな体験をしたり、影響を受けたりするなかで、変化していくこともあります。

それが、新たな軸なのです。

イニシアチブ・ダイアログ・コラボレーション

世界経済フォーラムは、リーダーに必要な要素を三つ提唱（イニシアチブ・ダイアログ・コラボレーション）しています。

一つ目のイニシアティブとは、誰もやらないことに率先して手を挙げ、それを成し遂げるために主導的に行動することです。グローバル、地域、会社、家庭など、その範囲は問いません。

これと似た言葉に、積極性や主体性がありますが、私の中では、「積極性」「主体性」「イニシアティブ」は、明確に使い分けています。

まず、主体性と積極性についてですが、これは完全に似て非なるものです。例えば、誰かが決めたことに積極的にのっかる人はいますが、「まず、私がやります」といって、何かを主体的に起こそうとする人は、そう多くありません。

トビタテ1期生の平野美優さんは、あるインタビューで、「それまで自分は、すごく主体的な人間だと思っていました。だけど、トビタテ生のコミュニティに入って、そうではないことに気づきました。積極性はあるけれど、主体性が足りていなかったと。ただ、それは多くのトビタテ生も同じです」

そう言って、主体的になる必要を訴えていました。

私の中で、「イニシアティブ」とは、主体性よりも、さらに強く何か新たなことを主導していくことです。部活の幹部、生徒会長、ゼミ長等、既存の役割を果たすとか、目の前の課題を主導的に果たすとか、やる内容がほぼ決まっているようなことだけではありません。今までなかったものを生み出すことで、ルールを変えるとか、世の中に貢献するようなイメージです。トビタテ生をはじめとする若い人には、そんなイニシアティブを発揮してほしいと思っています。

二つ目のダイアログとは、対話のことです。これだけ価値観が多様化している社会では、阿吽の呼吸は通用しません。自分の尺度や思い込みだけでは、相手に伝わりません。対話を通じてぶつかりながらも最適な答えを導いていくしかないのです。

また、前述したように、自分自身の経験や思いを自己開示してはじめて、その人に安心してついていくことができます。研修やトビタテ生のコミュニティでは「本音と本気」をキーワードに、特に自己開示の大切さを口酸っぱく伝えるようにしています。

また、対話には、人との対話だけではなく、自分との対話、すなわち内省も含まれます。「俺はどう生きていきたいのか」という、大きな命題もあれば、「なんでこんな小さなことに、僕はイライラするんだろう」「なぜ、こんなことに怒りを感じるんだろう」なども含めて自分との対話です。複雑で変化の激しいこれからの時代に、ビジネス界において近年「マインドフルネス」や「座禅・瞑想」が注目を浴びている点ともつながる気がします。「本音と本気」「自己開示」そして「自分との対話」。是非、参考にしてみてください。

三つ目のコラボレーションとは、協働のこと。多様な価値観やバックグラウンド、専門分野をもつ人々をつなぎ、巻き込み、コラボレーションする力は、これからの時代に欠かせません。繰り返しますが、価値観が多様化し、複雑化する社会問題を解決するとき、最も有効なのは、異なる分野同士の知恵を掛け合わせることです。

また、イノベーションやクリエイティブなものを生み出すためにも、異質なもの同士が視点をぶつけ合うこと、掛け合わせることが近道です。一人の知恵ではなく、多数・多様な人と知恵の組み合わせが必須です。

このように、問題解決にしても、新たな価値創造にしても、異分野同士のコラボレーションは欠かせないわけです。

いずれにしろ、答えのない複雑な問題を一人で解決するのは困難な時代。これからは、「才能の集合体」という意味で、「コレクティブ・ジーニアス」が求められます。そのとき、自分にとんがった個性や独自性がなければ、ぶつけ合い、掛け合わせる価値になりませんし、相手に提供できるものがありません。コラボレーションするには、他の人にはないけれど、自分にはあるという何かを磨いておく必要があるのです。

もし、自分に独自性が足りないならば、人と人とをつなぐことで独自性を発揮するのも一手。それも、これからの時代に必要な資質だと思います。

リーダーシップはリーダーだけに求められているのではない

今の若い人と話すと、「自分はリーダーにはなりたくない」という人が多いことを強く感じます。リーダーと聞くと、偉そうで威張っている旧来型の「ボス型」のリーダーを想起し、「リーダーになってもいいことはない。何かあれば矢面に立たされ、リスクや責任ばかり増えてくる。しかも、自分の自由な時間がどんどん削られていく」というわけです。

社会が成熟し、夢を見づらくなっていることも影響しているでしょう。「社会を動かしたい」「ビックプロジェクトに関わりたい」という若者が多くいたかつてと比べ、「自分らしいことをしたい」「身近なことで役に立ちたい」「小さな灯りをともしたい」という方向に、価値観が変わっているようです。それを否定するわけではありません。

ただし、たとえリーダーになりたくないとしても、リーダーシップをもつことは必要です。リーダーが、役職や地位といったポジションを指すのに対して、リーダーシップは精神性。どう周りに影響を与えるか、良い方向に価値を発揮していくかというスタンスです。

ですから、役職や地位としてのリーダーの位置にいなくても、誰もがリーダーシップを発揮する必要があるのです。

なおさら、役職や地位としてリーダーの位置にいる人はリーダーシップを発揮しなくてはいけません。それなのに現実には、マネジメント＝管理して終わりみたいな人や、「パワハラ」的な行為を平気でするリーダーは少なくありません。いわゆるボス型のリーダーです。

ボス型のリーダーが、権威的、独善的、命令的、閉鎖的、利己的で人を追い込むのに対して、真のリーダーは、民主的、調和的で利他的。常にオープンで、志や善意に頼ってメンバーを導いていきます。まずは自ら奉仕したうえでメンバーを導くという意味でサーバント・リーダーシップを発揮する必要があると思います。

以前、民間出身のある校長先生が世界的なＩＴ企業から、高額の報酬で、ヘッドハントの話を持ちかけられたと聞きました。理由は、そのＩＴ企業がインドや中国の企業を買収していくなかで、両者の不仲の間に入れるのは日本人だから、ということでした。

これからの時代、特にアジアで日本人に求められるのは、論理的思考で指示型のリーダーシップではなく、協働とか共感などをベースとした調和型のリーダーシップなのかもしれません。

トビタテ生には、

- そうした調和型のリーダーシップが必要とされているか、世界で見てくること。
- 自分なりのリーダーシップの発揮の仕方（マイ・リーダーシップ）を模索すること。
- 一人ひとりが何らかのリーダーシップを発揮していく必要があること。

そして将来はリーダーを目指すように話をしています。

ときにはポジションを取りに行こう

こう言うと、役職や地位などのポジションは重要ではないと捉える方もいると思います。

ただ、確固たる目標や明確なゴールがある場合、積極的にポジションを取りに行くことも大切です。なぜなら、役職や地位は権力＝パワーを伴うから。自分の力を超えて、可能性を広げることにつながります。

例えば、ＹＧＬのメンバーに選ばれると、イシューレイズというのですが、ダボス会議で議題を提案できる権利が与えられます。そこで、議論されたことが世の中を変えることもあるわけです。

私が、今、トビタテのプロジェクト・ディレクターという立場で仕事ができているのも、もともとはＹＧＬのメンバーというポジションを有していたから。ポジションによる自動的な権威、信用やネットワーク、知見を得られるようになったこともあると思います。

そうでなければ、大臣の会合に呼ばれるわけもなく、意見が採用されるわけもありません。トビタテが今とは違う形になっていた可能性さえあると思っています。

また、リーダーとしてのポジションをとることは、インプットとアウトプットの機会を飛躍的に増やすことでもあります。情報が自然と集まってくるようになるし、人に対して影響力を発揮することができるのです。それによって、自分自身の目標達成やビジョン実現に近づきやすくなりますし、組織や社会の仕組み自体を変えられるようになるわけです。

確かに、今の時代、上に立って損をすることが増えました。ちょっとしたことで世間からすぐにたたかれ、SNSの発達で、言われのない陰口も書かれます。

しかし、何かをするときに、リスクや責任はつきもの。ここぞというときは、腹をくくり、貪欲にポジションを取りにいく。そういう気概ももってほしいと思います。

自分らしいリーダー像を持とう

これまで数多くの先行研究がなされ、世間でも、様々なリーダー論、リーダーシップ論が提唱されていますが、唯一絶対の定義などありません。

- ビジョンを掲げてチームを引っ張る。
- 戦略を駆使して組織を引っ張る。
- 人間力で周囲の人間を引っ張る。
- メンバーの意見を取り入れ、チームをまとめる。
- 結果を出すことで、自ずと人がついてくる。
- フォロワーとしてチームを支える。

など、リーダーシップの発揮の仕方は様々です。また、変革期におけるリーダーや、安定期におけるリーダーなど、フェーズやプロジェクトによって必要なリーダー像も違うし、状況によって発揮しなければならないリーダーシップも違うと思います。

私も、場面によっていろいろなリーダーの役割を果たしてきました。

高校時代は生徒会長。仲の悪いアメリカ人とブラジル人の間に立って調整するという調和型のリーダーでした。

大学時代はクラブの副主将。主将の方針をかみ砕いてチーム内に伝達していくようなフォロワー型のリーダーです。

起業して経営者になると、ビジョンで社員を引っ張る必要があります。またボス的な要素を求められた場面も少なからずありましたが、これは正直、好きではありませんでした。木音は、社員と同じ目線でいたかったのです。

トビタテはどうかというと、肩書きはプロジェクト・ディレクターですが、国や文部科学大臣に対してのサーバント型のリーダーという感覚。実は、これが一番しっくりしています。当初は、社長業に慣れ、政府の中で、人に仕える形を全う出来るのか不安もありました。しかし実際は、日本と海外、官と民、大人と若者、企業と学校、多様なステークホルダー間を「つなぐ」というトビタテの仕事は天職に近いと感じました。自分は「つなぐ役割」が好きであり、価値観、使命感として大事にしていることに気づかされました。やってみて初めて気づくことの典型例でした。

いずれにしろ、あなたにしか発揮できない人の導き方やあなたの価値観の源泉に触れるリーダーシップがあるはずです。それを前述したように私は「マイ・リーダーシップ」と呼んでいます。真似事ではない、あなたらしいリーダーシップを発揮したとき、人はついてくるのだと思います。

Think Globally、Act Locally

よく「グローバル人材」と言われますが、私は海外で、この言葉を聞いたことがありません。多くの国は、国境が陸続き。国籍に関係なく交流を深めていることが多く、「グローバル」であることが当たり前だからでしょう。「グローバル人材」は、島国である日本特有の言葉だと思います。

ただし、海外でも「グローバルリーダー」という言葉は使います。以前、研修で、「トビタテ生が考えるグローバルリーダーとは」

というテーマで話し合ったとき、以下のようなアウトプットが出てきました。

- 自分の信じる理念をもとにシステムを変える人。
- 人を巻き込む魅力とぶれない軸がある人。
- 様々な前提条件を理解した上でチームに方向性を示すことができる人。
- 自ら動き、一つの見方にとらわれることなく、世界を見据えた広い視野をもつ人。
- つなげる人。(人と人、思いと思い、価値とお金と時間)

・信仰を自分の軸に落とし、その信仰を保ち続けるエネルギーをもつ人。
・グローバルな視点をもつ人を育てる人。

「リーダー」や「リーダーシップ」と同様、「グローバルリーダー」についても、明確な定義はありませんが、少なくとも、単に世界をまたにかけて活躍している人のことを指しているのではありません。その点を、トビタテ生は、よく理解しているようでした。

ＹＧＬ仲間の東京大学大学院教授の合田圭介さんは、トビタテ生向けの講演でグローバルリーダーとは、

「単に声や態度が大きな人ではなく、異なる文化、学術分野、産業界をつなげて、大きな方向性を見出し、導ける人。もしくは実例を通じて新しい価値を示せる人」

と語っていました。

つなぐことがリーダーの条件だとすれば、リーダーとしてふさわしくないのは、閉じている人でしょう。いくら世界的視野をもっていても、問題解決マインドもなく、自分の私利私欲のためだけに行動している人は、グローバルリーダーとは言えません。

個人的には、Ｔｈｉｎｋ Ｇｌｏｂａｌｌｙ、Ａｃｔ Ｌｏｃａｌｌｙ．

すなわち、地球規模での視野をもちつつ、自身の専門性・独自性を兼ね備え、足元のことにしっかり取り組むスタンスをもち、次の二つにコミットしている人のことをグローバルリーダーだと考えています。

- 既存の考えにとらわれず、これまでにない変革起こす。
- 自分の利益だけではなく、自分の所属するコミュニティや、相手に対して率先してメリットを還元する。

世界は広く、複雑です。社会のあり方も予測不可能で不透明です。そして、地球の環境を考えると、もはや宇宙規模で物事を考えないといけない状況かもしれません。このようにグローバル人材やグローバルリーダーの定義自体を自分自身で考えていくことは、自身がどのように世界や社会を捉えているかを表すことになります。その点で、グローバルリーダーになるための第一歩ではないでしょうか。

世界は今「若者の感性」に期待している

スイスのジュネーブに本部を置く非営利団体「世界経済フォーラム」が、毎年1月、スイスのダボスで開催している年次総会が「ダボス会議」であることは何度か述べました。

毎年、4人の共同議長の宣言により、会議はスタートするのですが、2019年1月のダボス会議では、少し変わった光景が見られました。

世界銀行の総裁や、マイクロソフトのCEOなどの共同議長とともに、日本人女性を含む20代の若手リーダー6人が壇上に並び、共同議長宣言の場に同席したのです。

彼らは、世界経済フォーラムによって任命されるグローバルシェイパーズと呼ばれるコミュニティのメンバー。社会に貢献する強い意志をもった、33歳以下の若者で構成され、社会課題を解決するプロジェクトやダボス会議への提言等、精力的に活動しています。現在、世界で約3000人、日本からも約60人の若者が選ばれています。

同様のコミュニティとして、2005年に発足したYGLの当時の選考要件の一つが「40歳以下（現在は38歳以下）」でした。それが、グローバルシェイパーズでは33歳以下に限定され、しかも2019年の年次総会では、共同議長宣言という重要な場に同席することになったわけです。ＶＵＣＡワールド[※1]と呼ばれる予測不可能で不透明な社会環境において、過去の経験則を土台とするものの見方・感覚よりも、世界が「若者の感性」に期待し尊重しようとしていることのあらわれです。世界に多大な影響力のあるダボス会議が、そうしたメッセージを発信したことに、これまでの時代との大きな違いを感じます。

この年の年次総会では、もう一つ注目すべきことがありました。スウェーデン人の16歳の高校生の環境活動家の女性が、ダボス会議に招かれ、気候変動に対する危機について、堂々としたスピーチをしたのです。

彼女の名前は、グレタ・トゥーンベリ。地球温暖化の危機を訴えた座り込み運動がＳＮＳを通じて世界的に影響を与えたことで有名になりました。

彼女は、ダボス会議に参加している世界中のリーダーを前に臆することなく、次のように語り、「大人」たちを沈黙させせました。

——ダボス会議のような場では、人々は成功事例を語りたがるが、実際、今までの地球温暖化への取り組みは失敗している。これを止めるには今ある社会のほとんどを変えなければいけない。

世の中には白黒はっきりさせられないことが多いと言うが、それは真っ赤な嘘。グレーなんて存在しない。ただやるかやらないか。

大人は子供に希望を与える責任があるというが、そんなものはいらない。大人に希望なんか感じて欲しくない。

私は大人にパニックになってほしい。私が毎日感じている恐怖を感じてほしい。だって今まさに私たちの家(地球)は火事の最中なんだから。

I don’t want your hope.
I want you to panic.

彼女が突き付けたこの言葉は、とてつもなく重いと思います。

世界には様々な問題が満ちあふれていますが、気候変動の問題は、すべての根幹にあるものです。なぜなら、地球が滅びてしまえば、貧困も宗教も戦争も少子高齢化の問題も、もはや何の意味もなくなるから。これからの社会を生きる若者の最大の問題です。

なのに、多くの大人は、そこから目を背けています。

残念ながら私は、この席にはいませんでした。けれど、

「危機的状況に気付き、パニックに陥ってくれ」

という彼女の叫びにも似た言葉は、遠く離れた私の心に強く突き刺さりました。まさに、これからは「若者の感性」を信じ、尊重し、彼らの意見に耳を傾けるべき時代です。トビタテ生には、そのような時代だからこそ、自分の感性を磨き、自分の意見に「本音と本気」で「対話」し、世間に同調することなく発信する時代ではないか、と話しています。

伝えたい三つの生き方

この二つのエピソードからは、いかに世界が10代、20代の若者とその感性に期待をしているか。その一方で、いかに多くの若者が、古い世代に対して不信感にも似た感情を抱いているかがわかります。

私が、若い人に訴えたいことはシンプルです。それは、

「型にはまった生き方をするな。環境に染まるな。流されるな。自分の信じた道を進め！」

ということ。日本は、世界でもまれな画一的な社会です。一見、あり余る選択肢があるように見えて、実は人生の大事な局面ではそう選択肢はありません。受験、就活、転職、結婚、出産、家族の在り方のような大事なライフイベントほど、何となく正解が決まっていて、右へ倣うことが正解で、何となくの空気で同調圧力がのしかかる。だから、常に空気を読んで動くことが必要になる。いや、むしろ当たり前すぎてその空気にも気づいていない場合も多いのかもしれません。そして、それがおかしいことにも気づかない。麻痺しているのです。

もっとも、欧米社会では多様性や個性尊重が当たり前になっているので、ある意味でそのことに麻痺していて、日本的な価値観を認めにくいという問題点はあるのですが……。

いずれにしろ、人間は環境に左右されやすい生き物です。単一の価値観に支配された高度成長期は、人に合わせていれば、それで良かったのでしょうが、社会が複雑化し、一人ひとりの価値観が多様化していくこれからの時代は、それではまずい。人に合わせることは、大きなリスクを伴うのです。自分で決断し、自らの道を切り拓くことが何より大切です。

「予測困難な未来」をむしろ楽しもう

世界は不安定で曖昧模糊とした状況にあります。将来を見通すことが困難な、正解のない時代がすでに到来しています。

ヒト・モノ・カネ・情報が、国という枠組みを越えてうごめくグローバリゼーションの波を止めることはできません。変化のスピードは加速し、これからの20年の変化は、過去200年の変化に相当すると言われています。

私が、商社で働いていた1990代後半、「ドッグ・イヤー」という言葉がありました。成長の早いイヌにとっての1年は、人間の7年に相当することから、技術革新の変化の激しさをたとえた表現です。それが、「マウス・イヤー」という表現に変わるまで、さほど時間はかかりませんでした。ネズミにとっての1年は人間にとっての18年に相当します。

特に、進化が著しいのがAI（人工知能）をはじめとしたテクノロジーです。みなさんも、

・2045年には、現在の仕事の45％は自動化、ロボット化され、65％は新たな仕事に置き換

わる。

- 銀行の融資担当者、レストランの案内係、電話オペレーター、スポーツの審判など、多くの職種がＡＩ、コンピューターに代替される。
- ＡＩと人間の知性と逆転するシンギュラリティ[※2]が２０４５年までに起こる。

という言説を一度は耳にしたことがあるでしょう。

ちなみに、トビタテ4期生で、将来が有望視されている大阪大学のＡＩの認知科学者、佐久間洋司さんは、トビタテ生向けのパネルディスカッションで

「シンギュラリティーは本当に起きるのですか？」

という質問に、こう答えていました。

「研究者やエンジニアの立場で言えば『２０４５年までには起きない』と言うしかない。しかし、孫正義さんのような影響力がある人や政治家が『起きる』と言い続け、その可能性を感じて、投資家らが莫大な投資をし、世界中の最先端の研究者とその知恵をつぎ込めば、今回の深層学習のようなブレークスルーやレバレッジ（てこの作用）が生じ、本来、起こりえないことでも起きる可能性はあると言わざるをえない」

とても共感できる、柔軟かつ想像力に富んだ回答でした。

誰だって、未来を正確に予測することはできませんが、予想もしないことが起こることだけは、私にも容易に想像できます。そして、それは往々にして、一部の人たちが時代をリードすることで現実に起こりえるわけです。

ＡＩの進化を、職を奪われるといった理由で悲観的に捉える人もいますが、海外では可能性に目を向ける見方が大半ですし、私もどちらかというと前向きです。

これまで人間が苦手としてきた、与えられた課題や大量の情報を速く正確に処理することは、ＡＩやロボットが代替してくれるわけで、むしろ人間は、人間にしかできないこと、得意なことに専念できるからです。むしろ新しい仕事も増えるでしょう。

その一つが、取り組むべき課題自体は何かを見極め、人と人とをつなぎ、協働して解決したり、新たな価値を生み出したりすることだと思います。

その点、ＩＣＴの革新やソーシャルメディアの爆発的な浸透で、世界のどこにいようが誰とでも容易につながれるようになったことは、人と人とをつなぐうえで画期的な出来事です。

一方、こちらの未来予測は深刻です。世界で最も顕著な少子高齢化が進んでいるのに、明確な未来像を示せないでいる日本の現状です。

・2060年には、人口は今の3分の2にあたる8700万人にまで減少する。
・そのうち、高齢化率は4割、生産年齢人口は5割まで下がる。

高齢化や人口の減少は、内需の減少につながり、国力の衰退を招きます。活路は国外にしかなく、そうした状況から考えても、グローバル化を促進させていく必要性が急務です。

加えて、複雑な社会問題を解決したり、イノベーションを起こしたりするためにも、多くの若者が、異なる価値観をもつ人々と協働することができるグローバルリーダーになることが求められているのです。

そのための第一歩として、閉ざされた社会にこもるのではなく、枠の外に飛び出さなければいけません。

※1　Volatility（変動性）、Uncertainty（不確実性）、Complexity（複雑性）、Ambiguity（曖昧性）の頭文字を取った言葉で、予測不能な現代の経済や社会状況を表現するキーワード。

※2　AI（人工知能）が進化し、ヒトの知性を超える技術的特異点。提唱者であるレイ・カーツワイル博士によると2045年までに訪れると言われている。

世界の問題を「自分事」として捉えよう

2018年9月、私は総勢600名が集結したYGLの同窓会（合宿研修）に出席するためサンフランシスコを訪れました。スクリーンには20くらい社会問題が投影され、好きなテーブルで議論をするなじみのスタイルがとられていました。

今回も、「シンギュラリティー」「資本主義のあり方」「紛争解決」「女性の地位向上」「新しいリーダーシップ」など多様なテーマが並んでいました。ただ、今回はYGLが口を揃えて「クライメイトチェンジ（気候変動）が危機的な問題だ」と言っていたのには驚きました。

それが、先ほど紹介したスウェーデン人の16歳の環境活動家をダボス会議の演壇に呼んだ背景につながっていたのかもしれません。

異常気象の問題は、当然、各国に被害をもたらしていますが、それぞれ自国の影響を中心に報道するため、世界的規模の気候変動が起きていることを実感しにくいという構造があります。特に日本の報道はそれが顕著です。自然災害が多いのは日本特有の問題で、世界規模の問題として捉えられていないのです。そうした中、ＹＧＬメンバーの議論では、「全世界的な規模で一気に動かないと効果がない。せっかくわれわれは１００カ国以上の横のつながりがあるのだから、問題意識を醸成するメッセージを積極的に発信しよう」

ということで、あるアプリの開発の話が出ました。日常の何気ないアクションが環境問題にどのような影響を及ぼすのかを可視化できるアプリです。例えば、ペットボトル1本買って捨てたら、二酸化炭素がどれだけ増え、環境に負荷をかけているかがわかり、反対に、分別してリサイクルに出すなどの行動をしたら、その分、地球環境に対する負荷が減っていくことが視覚的にわかるものです。

世界中のＹＧＬが主導（イニシアティブ）し、世界中の人々が一斉にそのアプリを使うことで、少しでも環境に対する意識が変わり、アクションにつながればいいなと思っています。こういう志の高さとスピード感あるアクションが、私がＹＧＬが大好きなポイントです。

思うに、世界規模の気候変動というハイレベルの問題は、飢餓や戦争などのない、恵まれた環境にある国民こそ、深くコミットする必要があると思います。明日、死ぬかもしれない人にとっては、１００年後のことよりも、目の前のことの方が大事なのは当然です。

幸い、私たちには、そういう未来を考える余裕がまだ残されています。だからこそ重大な使命

がある。そう思うと、自分たちの果たすべき役割の重要性が見えてくる気もしています。トビタテ生には、

「グレタ・トゥーンベリさんのような皆さんとほぼ同世代の環境活動家が、『目の前の景色』を変えるアクションをとっている。皆さんも若者の感性で一歩を踏み出し、世界をよりよくしていこう」

と伝えています。

出会った仲間との縁とつながりを大切にしよう

トビタテ生のネットワークづくりを担当していた押鐘和貴さんという、学生からとても慕われているスタッフがいました。

トビタテの選考会は年に2回あり、書類審査を通った約1000人が文部科学省で面接を受けるわけですが、選考が終わった学生を集めて慰労会を開くほか、選考に漏れた学生にも、「また受けろよ」と声を掛けている姿も目にしました。

また、壮行会の夜、学生をけしかけてアフターパーティーをしたり、帰国した学生を対象に毎月1回「おかえり会」を開いたり、色々な形で、学生との接点を作っていました。

リクルート系の会社を退職し、明らかに待遇面では劣る中、2015年4月に事務局に転職してきて、人生をここにかけているような、本当に頼もしい存在でした。

なのに、2016年7月11日に脳梗塞で倒れ、そのまま亡くなりました。30歳になったばかりの突然の死でした。その2日前、福島出身の「地域人材コース」の学生が、

「トビタテ生に被災地のことを知ってもらいたい」

と、一泊二日のツアーを組んでいて、押鐘さんも参加していました。同行した人によれば、その時から体調が悪そうだったようです。福島から帰京した翌日、事務局に出勤しなかったので連絡したところ返信はありませんでした。

翌日、警察と、半年ほど前に結婚したばかりの奥さまから連絡があり、ベッドで亡くなっていたことを知らされました。

お葬式には、彼の人柄をしのび、日本中のトビタテ生からメッセージが集まりました。ご両親からは、

「トビタテの仕事をいつも自慢していた。これほど仕事を楽しそうにやっていた姿を見たことがなかった」

と、言われました。本当に熱い思いがある人でした。

当初、トビタテのプロジェクトは2020年に終了する予定でした。「せっかくできたトビタテ卒業生のつながりを、それ以降も継続し、絶やさないようにしたい」「トビタテの同窓生組織を立ち上げたい」と、何人かのトビタテ生が議論を始めていました。

ただ、トビタテ生は、全国に散らばっているほか、互いに顔を合わせたこともない学生同士も大勢いましたから、一度、文部科学省で合宿をしようということになっていました。

その後押しをしていたのが押鐘さんであり、合宿直前に亡くなったのです。私は、中心となっていたメンバーに電話して、状況を伝えながら、

「こんな状況で、合宿はできない」

と伝えました。みな、押鐘さんの突然の死に、声を失っていました。ただ、メンバー内で話し合ったのでしょうか、30分後ぐらいに電話がかかってきて、

「船橋さん、それは押鐘さんの本望じゃない。押鐘さんほどコミュニティやネットワークの意義を知り、トビタテ生同士がつながることに、意義を感じていた人はいません」

と言ってきたのです。その場で、事務局のスタッフで議論をした結果、

「学生の意志を尊重しよう。止めるべきではない」

という結論に達しました。

事務局スタッフが出向元に相談して、急遽、文部科学省近くの広いスペースを借りることができ、週末、告別式に参列したその足で、大勢の人が合宿会場に集まりました。

それまで学生のコミュニティづくりは押鐘さんに任せきりのところがありましたが、

「これに関しては、みんなでやらなくちゃダメだ」

ということで、事務局スタッフのほか、事前・事後研修でお世話になっている講師の方々や、トビタテの発起人である藤沢さんと宮城さん、研修講師を担ってくださっていたアルー社の池田祐輔さん、生田知久さんも駆けつけてくれました。

2日間の合宿を終え、そこで決まったのは、年に1回は東京、もう1回は地方で、トビタテ生の同窓会を開くということ。そして、第1回を1カ月後の8月末に行うことになりました。

では、誰が中心になって開催するかという具体的な話になったとき、「私がやります」と手を挙げたのは大学生の嶋村温子さんでした。それまで目立つ存在ではなかった彼女が、押鐘さんのために勇気を出してイベントづくりを引っ張ってくれました。そして準備期間もない中、300人以上が集まる大規模な同窓会を開くことができたのです。

現在、トビタテの同窓生組織「とまりぎ」(https://tobitate-net.com)は、全国9地域にわかれて活動しており、全国規模の大規模な同窓会や地域ごとの合宿や交流のほか、次のトビタテ生をサポートする活動を行なっています。1万人のコミュニティを、留学仲間で終わらせるのではなく、次へつながる組織へと発展させているところです。

このような状況になれたのも、まさに押鐘さんが生前抱いていた、

「トビタテを通じて出会った仲間とつながり続けて欲しい」

「トビタテ生で日本を元気に明るくしてほしい」

という強い願いが、トビタテ生だけではなく事務局スタッフをはじめとした多くの人たちの心に伝わっていたからだと思います。留学に関わらず、今の若い世代の人たちには、出会った仲間を大切にして「つながり続ける」ことで、お互いを刺激し合い、時には支援し合いながら、自分自身の人生の財産にしてほしいです。

第6章
私の「越境体験」とトビタテに込めた思い

私が「越境体験」を強く勧める理由

外から日本を眺めると、そこがとても閉ざされている世界であることが見えてきます。少なくとも私はそうでした。幼い頃、海外生活が長かったため、日本で育った人が気づきにくいことに、気づきやすいし、違和感をもつことができました。

加えて、厳格な両親のもと、個性よりも公共の精神が最優先で、「個」をないがしろにされて育ったことへの強い反動もありました。そうしたこともあり、日本的な空気に流されづらいし、今なお、「大人」的なふるまいをする人から何を言われようと、

「過去は、そうだったかもしれないけれど、これからの社会では、それではまずいのでは」

「国内で、それは通じるかもしれないけれど、世界の常識は違うのでは」

という感覚があります。「堂々と譲らない」自分がいるのです。

画一的な日本の社会のなかだけで過ごしていたら、社会に出てから今に至るまで、様々な場面で生じた、

「それって本当？ 常識って言うけれど、それって日本の中だけで通用する常識じゃないの？」といった違和感からはじまる課題解決は、生まれにくかったかもしれません。

私がトビタテ生に繰り返し「コンフォートゾーンから出ること」「アウェイ体験を積むこと」「越境体験が大事だ」というメッセージを伝えているのは、そのためです。

そして、私自身も常に、「今いる快適な場所」から離れ、外から自分を俯瞰することを意識するようにしてきました。

大学ではアメリカンフットボール部の副主将を務め、卒業後は総合商社に就職。その後、起業家としての実績が評価されYGLに選ばれたというと、順風満帆な人生を歩んできたように思われるかもしれません。

しかし、総合商社を離れ起業したことも、ダボス会議をはじめとした国際会議に積極的に参加したことも、それをきっかけに築いた新しい人脈のなかで刺激に身をさらしてきたことも、私の中ではすべて越境体験でした。

最後の章では、そうした私個人の越境体験について紙面を割かせていただきました。トビタテには、多くの関係者の思いとともに、プロジェクト・リーダーである私の思いも色濃く反映されています。必ずしも模範的なロールモデルとはいえない半生を自己開示することが、トビタテの理念を理解する助けになるかもしれない。何より、激動するグローバル社会のなかで、井の中の蛙でいることの危険性などを、私の実体験を通じて参考にしてもらえればうれしいと思い、本書の締めとさせていただきます。

越境体験①
——幼少期から経験した海外でのマイノリティ体験

私は、4人兄弟の末っ子として1970年に生まれました。

両親は敬虔なカトリック信者で、カトリック的な倫理に加え、生活の規律は厳しく、毎日の手伝いは当たり前。「自立しなさい」「社会の様々な側面を見なさい」「人の役に立ちなさい」が口癖でした。

父の転勤で、3歳から小学校1年生までアルゼンチンのブエノスアイレスで過ごしたときも、「自立心を養うために」と、現地の幼稚園に通わされました。言葉がまったくわからず、通園初日から3日間、泣いて家に帰った記憶があります。子どもが泣いて帰れば、親は心配するものですが、両親は意に介しませんでした。

現地では日本のことなどほぼ知られていなくて、道を歩くと、知らない人から指をさされ、目を細めるポーズで馬鹿にされました。幼いながらも差別がひどかったことを覚えています。

マイノリティ体験によって、相手が自分をどう見ているかをすぐに察知する能力につながりました。人との共通点を見出したり、キーパーソンを瞬時にかぎ分けたり、空気を読み、場を盛り上げて貢献したりなど、是非はともかく、ある種のコミュニケーション力を形成した気がします。

小学校1年生の冬に帰国し、横浜市の公立小学校に編入しました。今度は、帰国子女ということで特異な扱いを受けたこともありました。自分のアイデンティティが、日本にも外国にもないことに葛藤しました。


小学校3、4年生になるとゲームセンターに入り浸るようになり成績が落ち込みました。親からは「オール5をとらないと、大好きな野球をやめさせる」と宣告されました。必死で勉強して達成したのですが、それでも、両親はほめてくれませんでした。というより、人生を通じて、親からほめられた記憶がないのです。船橋家では「ほめて伸ばす」が通用しません。子どもに求める基準値が高かったのでしょうが、がんばっても、認めてもらえないのは、つらいものでした。

その反動からか、外では自己顕示欲を爆発させていました。小学校では学級委員、野球部の主将、中学校では副主将、生徒会長に選ばれ、クラスの盛り上げ役を担っていました。結果的に、自立心は身に付いたのですが、内面からくる自立心ではなかったと思います。

高校に進学して1カ月。今度は父親のブラジル転勤が決まりました。親からは、

「一人で日本に残るか、ブラジルに同行するか自分で決めるように」

と言われました。自分で決断することの大切さを教えたかったのでしょう。ただし、

「お前一人、日本に残っても仕送りはしないよ」

と、付け加えてきましたから、結論は決まっていたようなもの。幼少期にアルゼンチンで過ごした私は「これも国際的な場で生きていく宿命」と直感し、ブラジル行きを決めました。


現地では、アメリカ系のインターナショナルスクールに入学しました。通い始めて1カ月は、英語による授業や学校生活についていけず、精神的に追いつめられました。ノイローゼ状態になり、さすがの両親も初めて少し優しく接してくれました。

窮地から自分を救ってくれたのは野球でした。最初のシーズンで打率7割2分という成績を残し、周囲から認められる存在になったのです。準備体操が日本語で行われるようになるなどの変化を体験し、状況が一変しました。多様な人々が集う世界でも、一芸に秀でていれば、尊重されることを肌で感じた瞬間でした。このことは、トビタテの選考基準として「独自性」を掲げている要因にもなっています。

高校3年生のときには生徒会長になりました。このとき、日本人が得意とする能力で、最も役に立ったのが調和・調整力です。その学校にはアメリカ系とブラジル系の生徒の2大派閥があっ

たのですが、私はその間に入って、両者の相互理解を求められたのだと思います。調和・調整というのは地味な能力ですが、その効果の大きさに気付かされました。

毎日の宿題、試験についていくのに必死で勉強は大変でしたが、ブラジルの学校の自由な雰囲気は私には合っていました。日本では、自分を押し殺して周りに合わせる同調圧力的な雰囲気があります。外国にもないわけではありませんが、白黒がはっきりしていて、もやもやしていません。個性やそれぞれの価値観を重んじ、閉塞感がないのです。

そうして3年が過ぎました。学校には日本人も多くいたのですが、残念ながら学校になじめない生徒もいました。私が学校生活を続けられたのは、他の多くの生徒がそうだったように親に無理やり連れてこられたのではなく、曲がりなりにも「自分で決めた」ことが大きかったと思っています。

今、トビタテ生の多くが留学先で成果をあげているのも、お仕着せではなく、自ら留学計画を作成する＝「自分で考えて決める」という行為が大きいと考えています。

越境体験②
——心の豊かさと経済的な豊かさ

帰国後、上智大学の経済学部に進学しました。そして、100名以上の大所帯で、当時1部リーグに属していたアメリカンフットボール部に所属しました。

親からは、国立大学に相当する分の授業料しか支援されず、生活費も自分で捻出するよう言われていたので、家庭教師などのアルバイトも大変。留年など恐ろしくてできるわけもなく、3年間で卒業に必要な単位を取得しました。

部活動引退後の卒業旅行では、姉や友人とヨーロッパ、アフリカ、アジアを旅しました。あらためて、世界は多様性に満ちていることを実感しました。最後に訪れたのがフィリピンです。聖心女子大学のカトリックのシスターが立ち上げたNGOが企画する、マニラとセブ島をめぐり社会課題を考えるという2週間のスタディーツアーに参加しました。ゴミやがれきの中で子どもたちが暮らしているスモーキーマウンテン、未成年者が働く売春宿、孤児院の子の寂しそうな瞳、かたや大金持ちの家。社会のひずみを目の当たりにしました。

夜は、カトリック施設が支援しているスラム街でホームステイをさせてもらいました。驚いたのは、家族仲良く、楽しそうに暮らしていたことです。歌って踊って、祈りを捧げる。貧しくても、屈託のない笑顔を見せてくれました。訪問した孤児院の子どもたちも同様です。物質的には豊かに見えても、人間関係や様々な問題に悩んでいる日本人とは対照的なことに強い印象を受けました。

私としては、経済的に恵まれている日本が開発途上国を救うのは当然、という気持ちで来ているのですが、「心の豊かさｖｓ経済的な豊かさ」について考えさせられ、必ずしも「貧しいことは不幸ではない」ことを知りました。

一方、孤児院の子の寂しそうな姿を見ると、私自身の、親に認められてこなかった疎外感や、アルゼンチンで受けたマイノリティ体験と重なり、「こういう子たちを救うことが自分が救われること」と確信しました。途上国に衣食住のインフラを提供し、ストリートチルドレンに教育を与え、貧困をなくすことが自分の「使命＝ミッション」だと感じたのです。

越境体験③
――開発途上国支援で痛感した自分の力不足

就職は、「世界を股にかけ、世の中のために役立つ仕事がしたい」という基準で志望先を考え、商社に決めました。入社したのは伊藤忠商事。多くの先輩社員に会う中、どんなことにも果敢に、真っ先に挑み、リスクをとってビジネスをしている印象で決めました。若手にもどんどん実践を積ませ、早めに成長させてくれそうなことも決断した理由です。

決め手となったのは、同社のリクルーター制度のトップで、現在、ファミリーマート代表取締役社長をしている澤田貴司さんの存在です。豪快な方で、上智大学のサッカー部とラグビー部の主将と、アメフト部の副主将だった私を名指しして、「この3人を採らなければ、俺はここで腹を切るぞ」と人事に掛け合うような人でした。

新入社員研修では同期の160名のうち4名のリーダーの1人に選ばれ、希望した開発途上国のインフラプロジェクトを担う部署に配属されました。空港や地下鉄などのインフラを整える仕事で、最初に担当したのはセブ島の空港建設。100億円強のプロジェクトでした。大学の卒業旅行で、「使命＝ミッション」を感じたセブ島の仕事に最初に関わることには大きな縁を感じました。

具体的には、空港建設に必要な資材をメーカーに発注し、オルガナイザーとしてとりまとめて輸出。建設のプロセスチェック、船積みや輸出の手続きをし、お金を政府から回収してメーカーに支払うという工程を管理する業務。巨大なプロジェクトに関わっている自負はあったものの、日々の仕事は、想像していたよりも過酷で難易度の高いものでした。

仕事には苦しみました。突然、分厚い英文契約書を10冊ほど机の上にどんと置かれ、上司から「読んでおくように」とひと言。貿易実務、法律、国際金融、ファイナンス、物流等、商社パーソンに必要な要素がすべて含まれている契約書を一気に理解することが求められたのです。学生時代、部活動中心だった私には全てが未知の世界。社内でも屈指の多忙な部署ということもあり、何をどうすればいいいかまったくわかりませんし、教えてもくれません。「自分で考えろ。とにかくやれ。なにがなんでもやれ」ということなのでしょう。「寿司屋で修業するような感じで背中を見て学べ」とも言われました。

仕方がなく、隣の部署や管理部門に足を運んでは、頭を下げて教えてもらっていました。毎日、書類とにらめっこ。全社の残業ランキングで3位になったこともあります。メンタル面は強いという自負があったのですが、不眠症になり、10円玉大のハゲを発見した時は自分でも驚きました。

途上国を救う、という使命を果たしている感覚も得られません。「大変なところに来てしまった」と悶々としながらも、ネガティブな感情に支配されないように耐えていました。

越境体験④

――第三の居場所としての「異業種交流会」

そんな悶々としていた入社2年目の秋、姉からあるカトリックの神父を紹介されました。外国人の留学生を集めて「貿易ゲーム」を主宰している人でした。よくできたゲームで、楽しみながら貿易の仕組みを体感できるものでした。具体的には、6、7の国に見立てたチームに分かれ、国ごとの特徴に合わせ配られたヒト・モノ・カネ・情報などのリソースを使いながら、製造、貿易、交渉などの疑似体験をすることで、経済の仕組みや、南北問題、貧困問題が起こる社会的な構造を実感する体験型のシミュレーションゲームです。

疲弊した毎日を過ごし、自分のしていることが途上国の役に立っているのか疑問をもち始めていた私は、会社とは別の場で、この貿易ゲームを同世代の仲間に広めたいと思いました。

当時、同世代でエネルギーのある人は、商社、銀行、広告代理店、コンサルティングファームに多くいましたが、大半は社会問題に無関心。けれど、貿易ゲームを通じて、私がフィリピンで感じたような問題意識をもつようになれば、世の中が良い方向に変わるのではと考えたのです。

そして、意気投合した大学時代の親友と、その同僚と3人で戦略を立てました。目標は、貿易ゲームを普及させることでしたが、しばらくそれは表に出さないことにしました。社会問題に関心がない人たちに、いきなり伝えても響かないし、そもそも人が集まらないからです。

まずは会社組織を離れた「異業種交流会」として、人と人とをつなげ、信頼を得ることから始めることに決めました。毎月、大掛かりなパーティーやスキー旅行を企画したことで、参加者は急速に増えていきました。

そして1年後、「おもしろいゲームがある」と言って初めて、貿易ゲームを体験してもらったのです。最初は変な宗教かと思われたりもしましたが、ゲーム自体は、純粋に楽しいので、毎回、盛り上がります。そうやって、徐々に政治問題や環境問題の勉強会、ボランティアなどの活動も増やしていきました。

結果、スポーツや飲み会などのイベントと、貿易ゲームを組み合わせた異業種交流会は4年続き、80ほどの企画を実行。延べ3000人の参加者を集めました。

貿易ゲームと出合い、毎月、異業種交流会を開催するようになったことで、会社で疲弊していた私の気持ちはだいぶ楽になりました。多様な業種、職種の集まりに身をおくことで、多様な見方や価値観に触れ、自分がアップデートされていきました。

副産物としては、他社の事情ややり方を知ることで、自分の職場の当たり前が必ずしも当たり前でないことに気づけたこと。「そのやり方は違う」と断定をしてくる上司に、「他社はこうやっていますよ。こういうやり方もあるのでは」

と返すとフリーズされることもありました。

井の中の蛙ではありませんが、多くの人は限られた世界の常識に縛られていると思います。会社という枠を越えた、ある種の「越境体験」を経験したことで、物事を俯瞰的に見ることができるいい機会になりました。

同世代の仲間と「本音と本気」で語り合え、真剣な話も遊びの話も、愚痴も言いあうことができました。私にとって、サードプレイス的な場。一緒に青臭い未来を語り、一緒に汗を流した、かけがえのない多くの友人と出会うことができました。

今も私が最も強みとしているのは、「巻き込み力」があることです。異業種交流会の飲み会では、コミュニケーションが苦手で、端っ子で寂しそうにしている人もいます。そういう人を放っておくことはしません。幼少時の差別体験などから、そうした人に目が行きやすかったのです。

声をかけて、居場所をつくってあげるだけではなく、彼ら自身が主体的にプロジェクトを企画するようにすれば、新しいことが起こるのでは、と考えるようにもなりました。すると、私たちでは思いつかないような面白い企画やイベントが生まれたのです。普段、目立たたない人も含めて、一人ひとりに才能や得意分野があることに気づかされました。

ブラジル時代、英語や授業についていけなくて、劣等感の塊だった私は、野球ができたことで認めてもらうことができました。それと同じように、一人ひとりの良さを見つけてリスペクト(尊重・尊敬)し、さらにアクセプト(受容)することで、しかも、他人のみならず自分自身のこともリスペクト&アクセプトすることで自信が生まれ、みなが個性を発揮する社会になるのだと思います。

そう言えば、ブラジルの学校では「タレントショー」という年に1回のイベントがありました。タップダンス、歌など、何でも構わないのですが、自由に自己表現ができる機会であり、オタクっぽい内容ですら全員から称賛されます。

自己肯定感の低さが指摘される日本の若者にとってリスペクト&アクセプトは、大事なキーワード。トビタテのコミュニティでも重視している理由です。

越境体験⑤

——総合商社の道から起業家へ転身

上司に「他社はこうやっていますよ。こういうやり方もあるのでは」などと反論し、扱いづらくなったことが直接の原因ではないと思いますが、1996年、インドネシアでの駐在が決まりました。当初、1週間の出張の予定だったものが、急にプロジェクトが動きはじめ、そのまま9カ月、ジャカルタに滞在することになったのです。

それもあって異業種交流会は自然消滅してしまいましたが、少なくとも、3000人の影響力のある人たちに問題意識を植え付けられたはずです。

一方で、「なぜ、こうした活動を同世代の社会人だけにやっているのだろうか」と疑問をもつようになっていました。確かに、まずはエネルギーのある同世代の関心を社会問題に向けようと考えてのことでしたが、それでは時間がかかります。

小・中学校という吸収力の高い時期に、問題意識を育む感覚を身に付けないと、社会の問題はますます深刻化していく。そんな焦りがありました。

おりしも、文部科学省が「総合的な学習の時間」という、教科横断的な体験型授業を始める方針を打ち出していました。

「教育に関わりたい。貿易ゲームを中心に社会問題の構造をゲーム化したものを全国の小学校に導入、普及させ、途上国や社会問題への関心を高めたい」

という気持ちが、インドネシアからの帰国後、急速に高まってきました。そこで、何人かの教育関係者のもとへ話を聞きにいきました。

「自分は異業種交流会で、貿易ゲームを普及させるプロジェクトをしていて、これを学校の教育に転換したい」

と熱弁をふるうなか、ある方から言われた言葉が、心に響きました。

「あなた、そこまでやりたいなら自分でやりなさい」

いわゆる起業のすすめです。今、考えれば、普通の発想ですが、それまで、自分で会社を興すことなど考えたことはありませんでした。もしかしたら、起業＝金もうけ＝悪というカトリック的な考えが頭の隅に植え付けられていたのでしょうか。

一方で、点と点がつながるようなことも、いくつかありました。

一つは、伊藤忠商事でリクルーターとして私の採用に深く関わってくれた澤田貴司さんの言葉です。澤田さんは、社内で「伊藤忠改革」というプロジェクトに携わっていたのですが、思うように進まず、退職してユニクロブランドで知られるファーストリテイリングに移りました。その際、こう言い残していたのです。

「伊藤忠を変えるより、世界を変える方が簡単だぞ」

日本人はなかなか変わろうとしないけれど、外圧には弱いから、世界が変われば、日本の企業も変わる、という意味の言葉でした。大企業の中で、したいことができないよりも、自分で始める方が良いという感覚が、私のなかで芽生えた瞬間でした。

インドネシアで、アジア経済危機を体験したことも気持ちを動かしました。伊藤忠商事の株価が、最低値の100円を割り込み、落ち込んだ時代。大企業もどうなるかわからないと思うようになったのです。また、

「自分に能力と経験を積んでおくべき、自分にしかできないことをやりたい。自分らしさの魅力がない人に人はついてこない」

という思いもありました。そうしたことが重なり、心が動いていた時に、ニューヨーク転勤の話が飛び込んできました。商社パーソンとして憧れの土地です。悩みましたが、30歳手前の私が一度行くとなると戻ってくるのが30代の中頃。決めるなら今しかない。神様に決断を迫られた気がした私は、起業を選びました。

そして2000年、ベネッセコーポレーションに勤務していた友人の谷口正俊と二人で株式会

社ウィル・シードを立ち上げました。「意志」の「種」ということでウィル・シード。教育に最も大事なのは、〝気づき〟〝きっかけ〟〝感動〟の機会（種）を盛り込むこと。人はそれさえあれば勝手に育つという信念・信条からです。そんな種（エッセンス）がちりばめられた体験ゲームを取り入れた学校教育や企業研修を主要事業とする株式会社です。

NPOのほうが学校現場にはアプローチしやすいというメリットはありました。教育にビジネスの要素をもちこむことに反発する先生がいてもおかしくないからです。それでも株式会社にしようと思ったのは、株式会社の原点を思い出したから。コロンブスが世界一周するための資金を集めたのは株式会社。金儲けのためにお金を集めたのではなく、世の中を変えるという夢の実現ための資金調達手段が株式会社です。社会貢献のための教育をする株式会社のロールモデルになりたいと考えました。

また、毎年の業績を厳しく問われる株式会社の方が、元来怠け者の自分を律することができるし、当時、認知度のなかったNPOでは優秀なメンバーは集められないと思ったからです。

ただ、学校への営業はハードルが高いことはわかっていました。まずは1カ月で100人を目標にビジネスプランについてヒアリングすることにしました。都心の四谷に引っ越したのは、古巣の伊藤忠商事にも自転車で行ける距離だから。朝、昼、夜に一人ずつビジネスプランについて語り、リレー形式で人を紹介してもらい、目標通り100人から意見を聞きました。

100人全員から、「公教育に参入する教育の事業化は無理」と言われました。しかし、面白かったのは、無理と言いながらも全員が内容には共感し、知恵を出してくれそうな知り合いにつないでくれたことです。

異業種交流会では3000人の笑顔を見たし、ヒアリングした100人全員が共感をしてくれている。共感からビジネスが生まれないわけがありません。日本中の子どもが貿易ゲームを楽しんでいる姿をイメージし、期待に胸を膨らませて事業をスタートさせました。

不安もありましたが、少なくとも貧しくなることへの怖さはありませんでした。フィリピンのスタディーツアーでの体験で、幸せにはいろいろな形があること、経済的な豊かさだけが幸せにつながるわけではないことを自分自身に言い聞かせ、一歩を踏み出しました。

10畳のマンションはオフィス兼自宅。共同経営者の谷口くんと、24時間寝食を共にし、毎食のように牛丼という節約生活をしながら、公立学校を中心に営業を始めました

ただ、関心はもってくれても、「お金が絡むからダメ」「ゲームで教育ができるか」「そんなの子どもにはできない」と、導入してくれる学校はありません。

当時、私のメンター的な存在だった元ソニーの松本哲郎さんからは、

「公立学校や子ども向けはやめて、企業研修に方向転換したらどうか」

と忠告されましたが、私は、

「嫌です。社会人のためにに事業をはじめたわけではありません。途上国を救うには、子どものうちから関心をもってもらわないと意識が身に付きません。私は、教育界の起爆剤になりたいのです。その結果、倒産したってかまいません」

と聞く耳をもちませんでした。

頑固だった私が考えを変えたのは、子どもたちの声でした。将来、働くことについて話を聞くと、「お父さんは休みの日は疲れて寝ている」「いつも会社の愚痴ばかり言っている」とネガティブな反応ばかり返ってきます。子どもは大人の背中を見て育ちます。子どもの意識を高めるためには、大人の意識を変えることも必要だ、と今さらながら悟りました。そうして会社設立から半年後、いったん社会人向けに事業をシフトしました。

そのとき活きたのが異業種交流会で築いた人脈でした。友人らが各会社の人事部を紹介してくれたのです。そして設立初年度は30社、2年目は80社と契約を結ぶことができました。

貿易ゲームを使った研修が話題になると、経済産業省の起業家育成を担当する部署から「貿易ゲームを子ども向けにはできないか」と打診がありました。経済産業省が進めるキャリア教育の一環ということです。まさに、私たちが望んでいたことでした。

その陰には、現在、三重県知事で、当時、経済産業省で活躍していた鈴木英敬さんのアシストがありました。鈴木英敬さんは、異業種交流会を一緒に立ち上げた友人の後輩。その彼が、新聞記事を見て、経済産業省内の然るべき部署に回覧してくれたのです。人の縁とは不思議なもの。どこでどうつながっているかはわかりません。

そこが突破口となり、小学生向けにアレンジした貿易ゲーム（学校現場では「いきいきゲーム」）を試験的に埼玉県の川口市に導入することになりました。

そこからはとんとん拍子。翌年は3都市に広がり、次は20都市。公募をかけるたびに一斉に手があがるようになりました。結局、約10年で、60自治体、約600の学校に導入され、約7万人の小中高校生が体験したのです。

今でこそ、「アクティブ・ラーニング」や「課題解決型学習」（ＰＢＬ＝プロジェクトベースドラーニング）が学校に広まってきましたが、当時は、一方通行の詰め込み型が当たり前。双方向スタイルの体験型授業や研修を広めた先駆けとなったのでは、と自負しています。

企業向け研修でも、様々な研修プログラムを送り出していきました。大手を含め、約350社に研修を広めることができ、ウィル・シードは大きく成長していきました。

越境体験⑥
——日本のリーダーから世界のリーダーへ

２００４年、私は世界経済フォーラムが選出する「ニューアジアンリーダー」に推薦されました。35歳以下のアジア人が対象で、同時期には、グロービス経営大学院大学学長の堀義人さん、マネックスグループ代表執行役社長ＣＥＯの松本大さん、そして、後に親しくなる藤沢久美さんや近藤正晃ジェームスさんらが選ばれていました。

伊藤忠商事の同期だった大倉豊くんが転職後、世界経済フォーラムに出向し、推薦してくれたようです。私は、同期の中で仕事ができるほうではありませんでしたが、普通の日本人とは少し違った物の見方、真っすぐな物言いをする普段の言動や、異業種交流会の主宰などで、おもしろいやつだと思われていたのでしょう。

ニューアジアンリーダーに選ばれたからといって何をするわけではありませんが、一度、韓国にアジアのリーダーが集まり、２０２５年に向けた青写真を描くという活動に参加したことがあります。

その延長線上なのでしょう。2009年のある日、英文のメールが届きました。それこそが、ヤング・グローバル・リーダー（YGL）に選ばれたという知らせでした。

この知らせを受けたとき、私は、救われた気持ちになりました。そのころ、ウィル・シードの事業は軌道に乗ってはいましたが、目標としていた学校教育への展開を一定程度達成し、少しバーンアウト（燃えつき）していた状態。次のビジョンや展開を考えるのに数年間も自身の中で苦悩していた時期だったからです。

実は、とんとん拍子に60自治体まで広がった教育事業ですが、リーマンショックの影響もあり、予算がカットされたことで、一気に10自治体にまで落ち込んでいました。

もっとも企業研修での体験型ゲームのコンテンツは評判が高く、業界で注目を浴び、業績も上がっています。しかし、創業時から本来やりたいのはやはり学校教育であり、ソーシャルインパクトを起こすこと。企業研修では、どうしても社員のスキルアップに重点が置かれてしまいます。そちらに意義と興味をもって入社してくる社員も多く、自分と社員の想いにズレが生じてきたことを実感し、3年くらいは精神的に苦しい状態が続いていました。同時期に、会社の方向観の違いなどから共同創業者や数名の想いある優秀な社員も会社を去っていきました。

何のために会社が存在しているかというと、世の中を変えるためであって、社員のためではない。当時の私は、そう考えていました。本来、社員が生き生きとすれば、組織の力が発揮でき、ひいては世の中を変えることにつながるのに、当時の私は、世の中を変えることに必死で、内部のケアができていませんでした。

本音を言うと、社員のケアに意識を向けるのではなく、同じ志や目線で動きたい。だから創業時期は向いているのですが、安定した組織になると苦しくなるのです。

そんなとき、YGLに選出され、世界に出るチャンスがやってきたわけです。視野を広げ、視座を高める絶好の機会です。おこがましいですが、何かに導かれている感覚がありました。神様に与えられた使命だと、本気で思いました。

その後の、活動は2章以降に書いたとおりです。ダボス会議で衝撃を受け、スピード感や実行力にあふれるYGLのメンバーから刺激を受け続けた私は、会社を売却し、官民協働という困難な国家プロジェクトに飛び込みました。

私自身は、特別な人間ではありません。しかし、スピード感や実行力にあふれる周囲の人々と身近に接し、刺激を受け続けてきたことで、いつしかそうした状態が当たり前になり、感覚が麻痺していきました。そして、気づけば、かつての自分では尻込みしてしまうようなことにもチャレンジできるようになったのです。

それも、私自身の一種の「越境体験」でした。

越境体験⑦
——拠点を海外へ移し、ゼロからの再挑戦

2020年までに1万人の留学生を送り出すという目標にめどがついたこの春、私は、トビタテのプロジェクトから部分的な卒業、つまり自身の役割を変更する決断をしました。プロジェクト・ディレクターとしての立場は2020年まで継続しつつ、役割の一部を後任にゆだねることにしたのです。

今後のことは、人生をトビタテに賭けてきた荒畦さんを中心に、安心してスタッフに任せられます。また、トビタテには私個人の思いや属人的なアイデアが入り込みすぎているところもあるので、もっと多様な人たちのアイデアを取り入れ、進化・深化させるべきだと考えてのことです。もちろん、このままセミリタイアする気は毛頭ありません。

人生100年と言われる時代とはいえ、来年、50歳になる私も人生の中締め。体のあちこちにガタがきてはいますが、精神的にエネルギッシュなうちに、もうひと花かふた花、咲かせたいと

いう気持ちがあります。

実は、留学支援という事業だけに関わっていると、アウトプットが中心で、インプットの機会が少ないことにもストレスを感じていました。

学生や研修の講師、講演に来ていただけるYGLのメンバーや、多くの経営者、研究者、文化人から貴重な話は聞けるものの、実際に体験しながら、学びたいという気持ちが強くなってきたのです。

なにより、これだけトビタテ生にはっぱをかけ、「井の中の蛙になるな」と言っているのに、自分がそうなってしまっている、はがゆさ。

50歳でもチャレンジできるんだ、という見本にならなくては、と思っています。そして、堂々と、世界中で活躍しているトビタテ生に、会いに行きたいと思っています。

その第一歩として、2019年の8月から家族と共にシンガポールに行くことを決めました。

高校1年生の長女はドバイ系のインターナショナルスクール、小学校4年生の次女は日本人学校に入学を決めました。妻は、全国紙の海外特派員の娘としてタイやアメリカで暮らしたこともある帰国子女なので、海外暮らしには慣れているはずです。

私はというと、アジアのハブとしてのシンガポールをベースに、アジア各国を見ながら今後のことを考えたいと思います。絶対にやろうと思っているのは、アジアのリーダーとのつながりをもつということ。それをそのまま社名にした「アジアン・リーダーズ・コネクティング・ハブ」という会社を立ち上げました。

アメリカと中国という二大勢力と覇権争いの狭間で、その抑止力的・対抗馬的な位置づけとして、日本をはじめとするアジア諸国が果たす役割は非常に大きいと思っています。にもかかわらず、ビジネスパートナーという関係を除いて、日本人とアジアのリーダーを精神的につなぐ役割を果たしている日本人はまだあまりいません。現地では、

「日本で何かやりたいんだけど、誰に相談したら良いかわからない」

と話す人も大勢いました。

そういったつながりを通じて、行く行くはソーシャルインパクトを与える取り組みに発展できればいいと思っています。

私の根本的な価値観として、いろいろなものを「つなげたい」という欲求があります。私にとって、トビタテのプロジェクトがしっくりきたのは、「官と民」「日本と海外」「若者と大人」。そうした、つなぎの要素がたくさん入っていたから。トビタテでの第一線の仕事から離れた今、それがいよいよ「国と国」に広がってきたという感覚です。

ただ、正直、具体的に、何をやるかは本当に決めていません。No PlanというPlan。

それが自分のスタイルです。経験上、頭を空っぽにさせたときのほうが、何の制約もなく、新しいものを存分に吸収できるし、チャンスが来たときに全力でコミットできますから。まだ、自分には見えていない、自分の可能性があると信じて、私もトビタテ生と同じ気持ちで、新しいステージに飛び込みます。

トビタテ!世界へ、と。

あとがき

「トビタテ！留学JAPAN日本代表プログラム」は、当初2020年をゴールとした官民協働の海外留学支援制度であり、各方面から「官民協働事業の継続は困難を伴う」という話も聞いていました。しかし、このプロジェクトは、グローバル化という時流や、国が目指す教育改革の流れにも乗り、そして何よりもトビタテ生の評判が良いことで、高い評価をいただいています。

2019年7月の段階ですでに7800人の合格者を輩出し、寄附額も約117億円が確定。目指す1万人に向けても資金的には達成出来る状況になりました。

大学生等コース派遣留学生数（累計）
1期生323人
2期生256人（579人）
3期生404人（983人）
4期生437人（1420人）

高校生コース派遣留学生（累計）
1期生303人
2期生511人（814人）
3期生501人（1315人）
4期生535人（1850人）

５期生５１３人（１９３３人）
６期生５０７人（２４４０人）
７期生６０８人（３０４８人）
８期生４５８人（３５０６人）
９期生６３４人（４１４０人）
10期生４３２人（４５７２人）
11期生５４４人（５１１６人）

５期生８３５人（２６８５人）

ＹＧＬメンバーの官僚からの又聞きですが、衆議院議員の小泉進次郎さんは、

「トビタテの１万人レベルでは足りない。全員に海外留学を体験させるべきだ。留学は投資効果が高い」

と話しているそうです。本気で難題にチャレンジあるいはコミットすることには、高い教育効果があると思います。そういう意味で、いわば「なまぬるい」日常生活や学校生活よりも、一定期間逃げも隠れもできない海外留学というチャレンジ＆コミットに投資することは、国民全員が真剣に目を向けるべき課題だと思います。


グローバル化のなか、海外経験が重要なことは言うまでもありません。

国際協力銀行の調査では8割以上の企業が今後、海外事業を「強化・拡大する」と回答しています。トビタテ!留学JAPANが、約400人の企業採用担当者に調査した結果では、

- 80%以上が「留学経験が仕事で役に立つ」
- 64%が「留学経験者を積極的に採用したい」
- 75%が「海外留学するために留年や休学することは採用においてマイナスにならない」
- 60%が「海外大学卒の学生の採用割合が増えている」
- 85%が「大学時代に海外留学した方が良いと思っている」
- 68%が「高校生も留学した方が良いと思っている」

と回答しています。これらのデータからも企業が海外留学を経験した人材を求めていることがわかります。今後も、自発的・主体的にチャレンジ&コミットすることによる若者の成長の可能性を広げていきたい。そんなこともあり、2021年以降も「トビタテ!留学JAPAN」を継続できないか、1年半にわたり検討を重ねてきました。

そして、2019年7月、発起人の下村博文元文部科学大臣、柴山昌彦文部科学大臣(当時)をはじめとする幹部の了承を得て、一番のガバナンスの場であり、1億円以上の寄附をしていただいた支援企業で構成される運営幹事会に諮った結果、トビタテの継続が正式に決まりました。

トビタテは第2フェーズに入ります。

継続に当たっては、再度、寄附を募らなくてはならないため、困難は予想されます。第1フェーズのある支援企業からは、

「社会人になったトビタテ生の7割がまずは寄附すること。出来たら学生の3割程度も」という条件がつきました。まさに、トビタテ生自らが当事者となり、恩送りし、後輩にバトンを渡すときです。また、第2フェーズは、企業だけでなく個人、広くあまねく日本の若者を応援したい方々と一緒に盛り上げる段階ではないかと思います。

これまでの「1万人を海外に送る」という目標には届かないかもしれないけれど、少しでも多くの意欲ある学生・生徒に、お金の心配をさせずに、海外で学ぶ機会を提供できたらと思います。事務局も、その手伝いをしていただける熱い思いをもった人材を募集しています。

また、これはまだ正式決定されていませんが、2021年度以降、国費留学のうち1割程（年間2000人）は、「留学計画を自分で立てる」「情熱、好奇心、独自性という観点から民間の採用担当者が選考する」というトビタテ方式が採用される方向で動いています。

こちらは、寄附ではなく税金を財源にするわけですから、学業成績と英語力を選考基準から外すわけにはいかないのですが、私たちの取り組みが、国策に反映され、レガシーとなることは大きな成果だと思っています。

トビタテが始動した2013年から2017年までに、大学生の留学生は約7万人から約10万

5千人に増加、高校生は約3万人から約4万7千人に増加しました。今後も、今までのトビタテで得た実績やノウハウを、官民問わず様々な場で活用してもらい、1人でも多くの日本の若者が海外で学ぶチャンスを自ら掴みとってほしいと期待しています。

今後、トビタテは、新たな形で発展していくでしょう。一方で、どんな組織でも、経年や人事の異動に伴い、前年踏襲や形骸化の罠にはまることは避けられません。いつか困難に直面したとき、立ち上げ当初の思いや理念に立ち返ることでヒントを見出すことがあるかもしれません。そのときのため、当時を知る数少ない存在であり、プロジェクト・ディレクターという立場の私が、記録を残すことは意義があるはず。

そう考え、この書籍の企画は始まりました。その後、編集チームと詰めていく中で、

「トビタテには、留学を考えている若者のためだけではなく、これからのグローバル社会を生きていく人すべてにとって大切なヒントが盛り込まれている。だから、立ち上げストーリーや理念、内容の紹介だけではもったいない。もっと、普遍的な、これからの社会を生きていく若者に対する思いも語るべきだ。そのためには、そのベースとなった、船橋個人のことに触れることも意味があるのでは」

という流れになり、そうした章も加えて構成されることになりました。単なる思い出話にならないよう、そこから何等かの気づきやヒントが生まれるよう、意識したつもりですが、個人的な

自己開示にお付き合いいいただき感謝しています。

最後に「トビタテ！留学ＪＡＰＡＮ」を今日まで導いて下さったみなさまに謝辞をお伝えしたいと思います。最初に下村博文元文部科学大臣。この方のイニシアティブなくして「トビタテ！留学ＪＡＰＡＮ」は生まれませんでした。また約２４０社の支援企業・団体・そして個人寄附者の皆様のお力添えなくして約8千人の高校生・大学生を海外に送り出すことはできませんでした。そして、歴代文部科学省幹部と様々なご指導をいただいた職場の方々、前例のない新しい枠組みの礎を築き、最重要な奨学金支給の責務を担って下さった日本学生支援機構関係者の皆様、知恵を絞り、汗をともに流した延べ１００名を超すトビタテ事務局プロジェクトチームメンバー、その他トビタテ生を支えて下さった高校、大学関係者、ヤング・グローバル・リーダー、グローバルシェイパーズの皆様に心から感謝申し上げます。

なお、本書の印税は「トビタテ！留学ＪＡＰＡＮ」に寄附させていただきます。

２０１９年10月

文部科学省　官民協働海外留学創出プロジェクト

トビタテ！留学ＪＡＰＡＮ

プロジェクト・ディレクター　船橋　力

【帯写真説明】

写真左から

戸塚歩美　インド

インド企業でインターン。
砂漠ではスーツが快適という噂を検証するために砂漠を訪問。

芹川史枝奈　アメリカ

世界屈指のスポーツアカデミーでトレーニング。

高橋かのん　スウェーデン

教育を学ぶためスウェーデンへ。現地の小学生に日本文化について教える。

高木一樹　ラオス

小学生にラオス版「九九のうた」を普及

戸塚さん、高橋さん、高木さんは大学生、芹川さんは高校生留学。

船橋　力（ふなばし ちから）

1970年、神奈川県生まれ。幼少期をアルゼンチン、高校時代をブラジルで過ごす。上智大学卒業後、伊藤忠商事株式会社に入社し、アジアで空港・地下鉄等のインフラプロジェクトに携わる。2000年に同社を退社後、株式会社ウィル・シードを設立し、350社を超える企業および60の自治体、600の学校に体験型・参加型の教育プログラムを提供。世界経済フォーラム（ダボス会議）「ヤング・グローバル・リーダーズ2009」に選出。2012年、特定非営利活動法人「TABLE FOR TWO International」理事に就任。2014年、日本のグローバル人材育成を目的とした官民協働留学創出プロジェクト「トビタテ！　留学JAPAN」プロジェクトディレクターに就任。独自の留学プログラムで、2020年までに約1万人の高校生、大学生を海外に送り出す。2015年、文部科学省中央審議会委員に任命される。一般財団法人教育支援グローバル基金「ビヨンドトゥモロー」創業者代表、公益社団法人「MORIUMIUS」理事を務める。

「トビタテ！　世界へ」

2019年11月10日　初版発行
2024年 5 月31日　第 6 刷発行

著　者　船橋　力

発行者　大西元博
発行所　リテル株式会社
〒 158-0083　東京都世田谷区奥沢 7-13-9-202
info@litel.co.jp
https://litel.co.jp
発　売　フォレスト出版株式会社
〒 162-0824　東京都新宿区揚場町 2-18 白宝ビル5F
電話　03-5229-5750
https://www.forestpub.co.jp

ブックデザイン　遠藤陽一＋中村沙蘭（デザインワークショップジン）
帯写真　山本倫子
編集協力　堀水潤一
印刷・製本　中央精版印刷株式会社

ISBN 978-4-86680-850-5
＊本書の内容に関するお問い合わせは発行元のリテルへお願いいたします。
定価はカバーに表示してあります。
乱丁・落丁本は小社負担にてお取替えいたします。